TRIDUUM DU BIENHEUREUX J.-B. DE LA SALLE

CÉLÉBRÉ A LONS-LE-SAUNIER

Sous la Présidence de Monseigneur l'Évêque de Saint-Claude

PANÉGYRIQUES

Prêchés dans l'Église paroissiale des Cordeliers

Les 25, 26 et 27 Mai 1888

PAR

M. l'abbé THOMAS, docteur en théologie

Curé-doyen de Saint-Jean-de-Losne

(*Cette brochure se vend* 0,50 c. *au profit des Écoles chrétiennes de Lons-le-Saunier*)

LONS-LE-SAUNIER

IMPRIMERIE J. MAYET ET Cie

20, rue Saint-Désiré, 20

1888

TRIDUUM

EN L'HONNEUR DU BIENHEUREUX J.-B. DE LA SALLE

Célébré dans l'Église des Cordeliers

A LONS-LE-SAUNIER

Les 25, 26 et 27 Mai 1888

La ville de Lons-le-Saunier vient d'offrir à son tour, avec un grand éclat, son tribut d'hommages au Bienheureux Jean-Baptiste de La Salle. La population entière a tenu à s'associer à ces fêtes et à témoigner aux Frères des Écoles Chrétiennes ses sentiments déjà anciens de reconnaissance et de sympathie. Notre ville, en effet, est une des premières qui, au commencement du siècle, aussitôt après la reconstitution de l'Institut, voulut confier aux disciples du Bienheureux de La Salle ses écoles communales. La fondation fut décidée en 1818 ; et dès 1820, les frères ouvrirent leurs classes et prirent possession de l'immeuble de la rue St Désiré qu'ils devaient habiter pendant plus de soixante ans. La mémoire de l'insigne bienfaiteur qui dota Lons-le-Saunier d'un établissement si précieux, y est resté populaire ; et lorsqu'à la fin de l'exorde de son premier discours, le prédicateur du Triduum prononça le nom du Père Agathange, le vaste auditoire lui sut gré d'avoir rappelé avec tant d'à-propos et de délicatesse, le souvenir du saint prêtre auquel tant de générations sont redevables de l'inappréciable bienfait d'une éducation chrétienne.

Rien ne devait manquer à la splendeur de nos fêtes. Sa Grandeur Mgr Marpot, évêque de St Claude avait bien voulu accepter de les présider. M. le curé des Cordeliers avait mis avec empressement son église à la disposition de la communauté des Frères; un artiste dont le talent aime à s'inspirer des sentiments de la foi, composait le tableau du Bienheureux; toute une phalange de personnes pieuses apportait aux travaux de la décoration sa part de goût et de dévouement.

Aussi, l'ornementation répondait-elle très heureusement au sens de la solennité : Au fond du chœur, un peu en arrière de l'autel majeur, l'image du Bienheureux se détachait sur un fond de légères banderoles. J.-B. de La Salle est représenté s'envolant dans la gloire, porté sur des nuages au milieu des anges qui lui font un cortège d'honneur. De riches oriflammes disposées par groupe aux pilastres du chœur, aux colonnes de la nef, ou suspendues aux voûtes de l'église, présentent les différents symboles des vertus pratiquées par le Bienheureux et en font l'éloquente énumération. On y lit : Fides, Spes, Charitas, Pietas, Obedientia, Paupertas, Castitas, etc... Pour compléter le décor : des écussons aux armes de la famille de La Salle, de l'Institut des Frères, de Sa Sainteté Léon XIII, de Mgr l'Évêque et de la ville. Dans une des nefs latérales, l'autel du Sacré-Cœur est paré avec un soin particulier de fleurs et de lumières; une foule pieuse viendra s'y agenouiller pour vénérer la statue et les reliques du Bienheureux.

La façade de l'Eglise est elle-même élégamment ornée. Au-dessus de la porte d'entrée, un fronton de grand style surmonte un large tympan sur lequel se déroule cette dédicace : Au Bienheureux Jean-Baptiste de La Salle, fondateur de l'Institut des Frères des Ecoles chrétiennes; enfin sur deux larges cartouches sont écrites les inscriptions suivantes : *Sinite parvulus venire ad me (Marc, X-14)* et *Prenez soins des enfants du peuple comme s'ils étaient enfants de rois.* (Parole du Bienheureux.)

Le vendredi 25 mai, la série des fêtes et des prières s'ouvrit à six heures par la messe de communion. On put juger dès le premier moment quels seraient la piété et l'empressement des fidèles, par le grand nombre de personnes qui accompagnèrent les chers Frères à la sainte Table. A dix heures, M. le curé des Cordeliers célébra la messe solennelle qui fut exécutée en musique par les élèves aidés d'un grand nombre de leurs aînés. Le soir, à huit heures, aux accents d'une fanfare composée surtout d'anciens élèves des Frères, Mgr l'Évêque fait son entrée, entouré de ses Vicaires Généraux, de MM. les Curés de la ville et d'un nombreux clergé. Après le chant de l'hymne *Iste Confessor*, paraît en chaire, M. l'Abbé Thomas, docteur en théologie, curé doyen de St Jean de Losne.

L'auditoire est immense; dès les premières paroles de l'orateur, l'attention est saisie. Nous n'avons pas à faire l'éloge de ces discours qui embrassent si magistralement toute la vie, les épreuves, l'œuvre et la gloire du Bienheureux. Nous sommes heureux de les offrir à nos lecteurs qui en apprécieront la belle ordonnance des plans, la profondeur de la doctrine, l'élévation des pensées et des sentiments, la forme vraiment académique.

Le premier panégyrique terminé, Mgr donna le salut pendant lequel nous avons entendu *un O Salutaris, un Sub Tuum Presidium et un Tantum ergo* en musique, puis après la bénédiction la foule s'écoule lentement au chant d'une cantate composée en l'honneur du B. de La Salle.

Le samedi, deuxième jour, même programme et même affluence. A la réunion du soir, les élèves du grand séminaire, empêchés la veille par les exercices de la retraite préparatoire à l'ordination, viennent prendre place au sanctuaire et donner aux cérémonies un nouveau relief par l'édification de leur présence et la sévère beauté de leurs chants. Les morceaux exécutés au salut par ces voix puissantes et savamment exercées produisent sur l'assistance une impression profondément religieuse. Les chers frères conserveront le souvenir d'un si précieux témoignage de sympathie et d'encouragement ; ils prient M. le supérieur et MM. les directeurs de recevoir ici l'expression de leur vive gratitude.

Nous arrivons à la dernière journée qui sera la plus solennelle, elle coïncide précisément avec le dimanche de la Très Ste Trinité. Le Bienheureux de La Salle avait une particulière dévotion envers cet auguste mystère. C'est en la fête de la Ste Trinité de l'anné 1694 qu'il fit avec douze de ses disciples les plus éprouvés, les premiers vœux perpétuels de son Institut; comme aussi c'est le jour qu'il établit dans sa règle pour la rénovation des vœux de ses religieux. Ces souvenirs ajoutent encore à notre émotion. A sept heures, la messe de communion est célébrée par M. l'abbé Thomas. Après l'Evan gile il se tourne vers les Frères et leurs élèves, et leur adresse, sur l'Eucharistie, une touchante allocution. Puis voici que les maîtres, leurs enfants et leurs anciens élèves venus en grand nombre, toute une foule qu'on a évaluée à plusieurs centaines de personnes, s'avancent pour recevoir le pain céleste qui produit ici bas toute vertu et se donne comme gage des éternelles récompenses. Qu'il était beau, qu'il était reconfortant le spectacle de ces bons Frères, de ces enfants, de ces jeunes gens, de cette grande assemblée prosternés dans un même sentiment d'adoration, de reconnaissance et d'amour.

A neuf heures et demie, Monseigneur prend place au trône et revêt les ornements pontificaux. La grand'messe est célébrée par M, Guyrouret, vicaire Général. Le chœur des élèves aidés de nombreux amis des Frères, chante avec un ensemble et une perfection remarquables la messe toujours appréciée de Papin ; puis après la bénédiction de Monseigneur qui termine la cérémonie, on enlève brillamment la cantate en l'honneur du Bienheureux, composée pour la circonstance.

La réunion du soir clôture dignement ces belles solennités. La foule est plus compacte encore, s'il se peut, que les jours précédents. Précédé du Grand séminaire, des prêtres nombreux venus des paroisses voisines, et des dignitaires ecclésiastiques, Monseigneur pénètre dans le sanctuaire, où se trouvent déjà réunis le Très cher Frère visiteur de la province de Besançon, les directeurs de plusieurs écoles du département et d'autres Frères des communautés voisines. Quelle gloire pour l'humble Fondateur ! Du haut des cieux, il voit ses disciples placés à un rang d'honneur, mêler leur sombre bure à l'éclat des ornements épiscopaux! Son œuvre a, depuis deux siècles, conquis tous les suffrages, surmonté toutes les oppositions, remporté les plus douces victoires! C'est un triomphe égal à l'épreuve. *Qui seminant in lacrymis in exultatione metent.* — Une dernière fois nous entendons la parole savante et pieuse du prédicateur, les chants graves des séminaristes, les fraiches voix des enfants; une dernière fois, nous recevons la bénédiction du Dieu caché, des mains de son Pontife; une dernière fois nous contemplons les splendeurs de ces fêtes, où la Religion et la Patrie ont confondu leur reconnaissance et leur admiration. Sur terre, les plus beaux jours prennent fin; mais ce qui demeurera, c'est la respectueuse et filiale gratitude des chers Frères, envers Monseigneur l'Evêque de St-Claude qui leur a témoigné si largement ses sentiments de prédilection, envers une population qui a réserré avec eux les liens d'une sympathie et d'un dévouement réciproques; ce qui demeurera, c'est l'unanimité et la constance d'une générosité inépuisables pour le soutien et la prospérité des écoles des Frères, et enfin la confiance et la piété que tous nous avons vouées à notre nouvel intercesseur, le Bienheureux Jean-Baptiste de La Salle, fondateur de l'Institut des Frères des écoles chrétiennes.

Bienheureux J.-B. de La Salle, Priez pour nous.

ALBERT BONDON

chan. hon.

LE BIENHEUREUX JEAN-BAPTISTE DE LA SALLE

D'APRÈS LES ACTES DU SAINT-SIÉGE

PREMIER PANÉGYRIQUE

LA MISSION DU BIENHEUREUX

Evangelizare pauperibus misit me.
Il m'a envoyé évangéliser les pauvres.
Luc, IV, 18.

MONSEIGNEUR,

Celui qui s'intitule « le serviteur des serviteurs de Dieu », et qui rend témoignage à leur sainteté sur la terre, comme à leur gloire dans le ciel, a fait un bel éloge du Vénérable de la Salle, quand il a dit, en le plaçant solennellement au rang des Bienheureux : (1) « Il a bien mérité de l'Eglise et de la société civile. » Comment et en quoi? Léon XIII a soin de l'expliquer (2) : « Il a dépensé sa vie à élever les enfants du peuple. Il

(1) *Décret pour la Béatification et canonisation du vénérable serviteur de Dieu Jean-Baptiste de la Salle*. Actes de la S. Congrégation des Rites, aux Calendes de novembre MDCCCLXXXVII. Cf. Bulletin de l'œuvre du vénérable de la Salle, n° 49, janvier 1888, p. 1.
(2) *Même décret*. Même Bulletin.

s'est efforcé de cultiver cette classe d'enfants qui est très nombreuse en tous lieux et presque abandonnée, employant à cette fin sa charité paternelle, ses talents, son travail et tous les moyens en son pouvoir, afin qu'ils grandissent pour l'honneur du nom chrétien et de la patrie. » Au prix de quels sacrifices a-t-il accompli cette grande œuvre? Le souverain pontife l'indique encore (1) : « C'est après avoir rejeté les honneurs, les richesses et toutes les sollicitudes du monde. »

Elever les enfants du peuple, en faire des hommes et des chrétiens, répandre les paroles de la vie éternelle dans les couches profondes de la société et s'adresser de préférence aux enfants des classes laborieuses, quelle œuvre! quelle mission! mes Frères, et comme Notre-Seigneur nous en donne une haute idée dans cette page de l'Evangile! (2) Un jour, les disciples de Jean lui demandèrent : « Etes-vous Celui qui doit venir ou devons-nous en attendre un autre? » Il leur répondit : « Allez rapporter à Jean ce que vous avez entendu et ce que vous avez vu. Les aveugles voient, les boiteux marchent, les sourds entendent, les lépreux sont guéris, les morts ressuscitent, et *l'évangile est annoncé aux pauvres.* »

Remarquez la gradation des faits que le Sauveur invoque pour démontrer sa propre mission. La guérison des malades, voilà le premier signe. Une seconde preuve plus manifeste, plus éclatante, c'est la résurrection des morts. Mais le signe le plus merveilleux, une preuve unique en son genre, un fait absolument inouï jusqu'alors dans les annales du monde, c'est le troisième prodige que signale Jésus-Christ : *l'évangile annoncé aux pauvres. Pauperes evangelziantur.*

L'enseignement des classes laborieuses et la propagation des vérités du ciel dans les masses populaires, voilà donc le point culminant de la mission de Notre-Seigneur,

(1) *Ibidem.*
(2) Luc, VII, 22.

pendant sa vie mortelle. Cette œuvre, continuée, à travers les siècles, et les peuples, par des hommes prédestinés et choisis dans un dessein spécial de la Providence, ne sera-t-elle point la plus belle et la plus éminente des missions que peuvent recevoir les fils de la Rédemption ? Or, le Bienheureux a été vraiment suscité de Dieu pour élever les enfants du peuple, et pour leur apprendre, avec les connaissances humaines, la science mille fois supérieure des vérités divines. Il a réellement pu dire, au soir de sa vie, en considérant les voies par lesquelles Dieu l'avait conduit : « Il m'a envoyé évangéliser les pauvres : *Evangelizare pauperibus misit me.* » Ces voies extraordinaires, cette conduite pleine de mystères, voilà ce que je voudrais retracer à vos yeux dans cette première fête du *Triduum* solennel que nous célébrons en l'honneur du Bienheureux Jean-Baptiste de la Salle.

Nous verrons d'abord comment Dieu le prépara pour sa merveilleuse mission ; nous dirons ensuite comment il l'en investit, en lui demandant les grands sacrifices qu'a mentionnés Léon XIII. Ces deux pensées feront l'objet et le partage de ce discours.

Monseigneur, il m'est doux d'aborder un tel sujet devant Votre Grandeur. A Fraisans, à Arbois, sur le siège de saint Claude, vous vous êtes avant tout préoccupé des intérêts des pauvres et vous avez témoigné vos sympathies les plus chères aux classes laborieuses. Vous aimez ceux qui souffrent et qui travaillent, et vous honorez ceux qui les instruisent et les consolent. Vous les connaissez de longue date dans votre religieux diocèse, puisque vous avez été choisi, d'après la règle de l'ancien droit, dans le sein de l'église que vous gouvernez, *in gremio propriæ ecclesiæ* (2). Si vous y rencontrez de si unanimes témoignages de respect et d'affection, c'est que tous admirent votre grand cœur, et votre exquise aménité, non

(1) Luc, IV, 18.

(2) Adage souvent cité dans le droit canon et qu'invoque déjà le deuxième article des capitulaires de Louis-le-Débonnaire, à Attigny, en 816. *Cf. Decret. Greg. Lib. I. tit. VI, cap, XXI.*

moins que la fermeté de votre esprit, et que votre habile et sage administration.

Lorsque je contemple les magnifiques décorations de cette église, que mes regards s'arrêtent sur une assemblée si brillante et que je vois une foule si compacte, si recueillie, si sympathique, ni cet immense concours, ni la splendeur de vos cérémonies ne me surprennent. Un souvenir se présente à ma pensée, un nom monte à mes lèvres. Je suis dans une ville toute pleine de la mémoire et des œuvres du vénéré Père Agathange; je parle au milieu de ceux qu'il a tant aimés. C'est à lui que vous devez l'établissement des Frères des écoles chrétiennes à Lons-le-Saunier, c'est à lui que vous vous plaisez à rendre grâces de tous les services que, depuis soixante-dix ans, vos chers Frères vous ont rendus. Et, si nous sommes en ce moment réunis, dans cette vaste église, pour célébrer la gloire du fondateur des écoles chrétiennes, c'est l'œuvre du Père Agathange, c'est sa pensée, c'est son cœur qui nous y convient. A la vue de votre piété et de votre reconnaissance , devant cette éclatante manifestation de tout un peuple, sa grande âme se réjouira dans le ciel et ses restes inanimés vont tressaillir dans leur tombeau.

I

D'ordinaire, les œuvres qui survivent à leur siècle ne naissent pas seules. Elles ont leurs esquisses et leurs ébauches dans celles qui les précèdent ou qui les accompagnent, à peu près comme les roses qui ornent nos jardins, ont leur premier essai dans les églantines de nos bois. Pour bien juger de la mission du Bienheureux, il faut la placer au milieu des faits qui lui donnèrent lieu, et la considérer dans la lumière qui lui est propre.

Quel était au milieu de la seconde partie du dix-septième siècle, à l'époque où commence la mission de Jean-Baptiste de la Salle, l'enseignement de la jeunesse ouvrière ? C'est l'heure où l'histoire de France écrit ses pages les plus brillantes. La guerre et la paix, l'éloquence et la poésie, les arts et la littérature étalent à l'envie leurs merveilles et leurs chefs-d'œuvre. L'éducation du peuple restera-t-elle en arrière ? Ne le croyez pas, des écoles sans nombre souvrent devant les pas des jeunes filles. Une multitude de maisons religieuses surgissent au souffle de la grâce : des congrégations de la Providence, de la Sagesse, de la Charité ; des religieuses de tout ordre et de tout nom. Mais où sont les écoles des garçons ? Je trouve en Hollande celles de Gérart de Groot, et à Rome celles de saint Joseph Calasanz. Je cherche en France : je vois à Lyon les essais de Charles Démia, et à Rouen ceux d'Adrien Nyel. Partout ailleurs, la jeunesse est confiée à des mains mercenaires ou à peu près abandonnée. Ecoutez la requête que les pauvres de Dijon adressaient, un peu plus tard, aux notables de la capitale de la Bourgogne :

« Vous savez, Messieurs, combien cette ville est remplie de pauvres, et dépourvue de personnes zélées pour veiller à l'instruction et à la bonne éducation de nos enfants; ce qui est cependant, comme chacun en convient, l'œuvre la plus nécessaire, tant pour le public que pour les particuliers. C'est ce qui nous fait recourir avec une grande confiance, à votre charité, que nous supplions humblement de vouloir seconder les desseins de la Providence, qui vous fournit une occasion si favorable d'élever nos enfants chrétiennement (1). »

(1) Les écoles chrétiennes de Dijon furent ouvertes au mois de juin 1705, sur la paroisse Saint-Pierre, et un peu après sur la paroisse Saint-Philibert. La requête dont il s'agit est signée. « Les pauvres de Dijon ». Elle renferme un fort beau passage ; » Nous attendons cette grâce de votre solide religion et de votre ardente charité : notre espérance est d'autant mieux fondée que nous avons l'honneur d'être unis à vous par une même foi, d'être vos compatriotes, vos voisins, de voir nos pauvres domiciles unis aux vôtres. Nous sommes tous, pour ainsi dire, enfants d'une même mère, la sainte Eglise, les brebis d'un même troupeau, les disciples d'un même maître, Jésus-Christ notre même Pasteur ; nous participons tous au même pain paroissial, à la même parole de

A ce point de vue, il manque quelque chose au siècle de Louis-le-Grand. Les institutions françaises que nous avons citées ne sont pas dignes de sa gloire. Incertaines de leur avenir et d'ailleurs purement locales, elles n'ont ni la permanence ni la force d'expansion qui sont les caractères distinctifs et nécessaires d'une œuvre de ce genre. Elles nous apparaissent comme l'ébauche et l'essai d'une création plus large et plus stable.

Cette création, les classes ouvrières la saluèrent avec amour, comme celles de Dijon, aussitôt qu'ils la virent. Mais avant qu'elle ne parut, les hommes animés de l'esprit de Dieu la désiraient et la demandaient pour l'Eglise et pour la France. Chose remarquable ! Saint Vincent-de-Paul, dont la charité eut les intuitions des plus grands génies, a énuméré d'avance les qualités du futur fondateur, du maître idéal qu'il souhaitait à son époque, et il a presque tracé le cadre de sa vie : (1)

« Je crois, disait-il, qu'un prêtre qui aurait la science des saints se ferait maître d'école et par là se ferait canoniser. Les meilleurs maîtres, les plus grands, les plus en crédit, les docteurs de Sorbonne n'y seraient pas trop bons. J'estime, (admirez les élans de ce noble cœur,) que si saint Paul et saint Denys revenaient à présent en France, ils prendraient la condition de maîtres d'école. » Il indique avec cette attention qui descend aux détails matériels et qui pourvoit à tout, à quelles conditions seulement des hommes mêmes comme saint Paul et saint Denys pourraient réussir : « Il faudrait pour cela qu'ils

Dieu, aux mêmes saints offices, aux mêmes sacrements, à la même table du Seigneur, à la même Pâque, et nous espérons nous voir tous un jour réunis dans l'héritage de notre commun Père céleste, peut-être à cause de ce saint établissement. » V. *Le Bienheureux J. B. de la Salle* par Armand Ravelet, 4e édition, Paris, à la Procure générale des Frères, 1888.

(1) Un des plus saints prêtres de cette époque, Adrien Bourdoise, à qui Godeau fait honneur de l'établissement des séminaires en France, écrivait à M. Olier ; « Pour moi, je le dis du meilleur de mon cœur, je mendierais volontiers de porte en porte pour faire subsister un vrai maître d'école, et je demanderais, comme saint François Xavier, à toutes les universités du royaume des hommes qui voulussent, non pas aller au Japon ou dans les Indes prêcher les infidèles, *mais du moins commencer une si bonne œuvre.*

eussent du pain d'ailleurs, afin que, ne paraissant pas gueux et mercenaires aux yeux du peuple, ils ne fussent que plus estimés. »

Saint Vincent-de-Paul a des vues prophétiques : il veut des fondations, et par conséquent un enseignement gratuit et populaire, des maîtres entourés d'honneur et qui commandent l'estime publique : « Les plus grands, les plus en crédit, les docteurs de Sorbonne » ne sont pas au-dessus de sa pensée. Il réclame pour l'initiateur de cette grande œuvre, un homme qui ait des vues tout à fait surnaturelles, une âme ardente à l'égal des premiers apôtres de la foi, et pour tout dire en un mot, un « saint Paul », un « saint Denys », s'ils pouvaient reprendre leurs merveilleuses missions. Il place résolûment l'auréole du sacerdoce sur le front de ce créateur, et il va jusqu'à lui promettre les honneurs que nous célébrons aujourd'hui : « Je crois qu'un prêtre qui aurait la science des saints, se ferait maître d'école, et par là se ferait canoniser. »

Ces conditions et ces titres, mes très chers Frères, Dieu les a réalisés dans la personne du Bienheureux Jean-Baptiste de la Salle et dans l'œuvre qu'il lui a confiée.

Il le fit naître d'une antique et noble famille. Ses ancêtres, originaires du Béarn, comme ceux du roi de France, avaient partagé les combats d'Alphonse-le-Chaste au neuvième siècle, et au quinzième, ceux de notre roi Charles VIII et de Bayart, le chevalier sans peur et sans reproche. Son père, Louis de la Salle, appartenait à la haute magistrature, et sa mère Nicole Moët de Brouillet était également noble. Mariés en 1650, l'année qui précéda celle de la naissance de Jean-Baptiste, ils vivaient dans une opulence, dont la religion savait faire profiter la charité. Noblesse, fortune, considération publique, piété vive et profonde au foyer domestique, cœurs ouverts et généreux, tous les biens qui honorent une maison, tous les dons qui embellissent une existence, voilà ce que le Bienheureux trouva autour de son berceau. Mais, ô mon Dieu, vous réserviez à cet enfant des biens et des dons plus excellents, et, par lui, vous alliez couvrir sa maison d'une gloire plus pure et plus radieuse.

Ces biens sont précisément ceux qu'avait désignés saint Vincent-de-Paul, la grâce de la prédestination et la science des saints, et, cette gloire est celle de Fondateur d'une œuvre nécessaire, et qui manquait au siècle de Louis XIV. L'illustration dont elle projette l'éclat sur cette époque fameuse, n'est pas seulement le patrimoine d'une famille et d'un siècle, elle rejaillit sur les temps qui se sont écoulés depuis, et sur toute la nation très-chrétienne, parce que le Bienheureux de la Salle a fondé une œuvre durable et éminemment française. C'est pourquoi, il entrait dans les desseins de Dieu que le créateur des écoles chrétiennes et son œuvre prissent naissance à Reims, dans la terre de Clovis et de Saint Remi, et que cette terre, fidèle à elle-même aussi bien qu'à la France, malgré nos malheurs, eût la gloire d'une germination nouvelle et le privilège de donner à l'Eglise un saint de plus, et à la patrie les premiers Frères des écoles chrétiennes.

Jean-Baptiste s'appliqua de bonne heure aux pratiques de la religion. Petit enfant, « il n'eut que du dégoût pour les bagatelles et les frivolités qui constituent, d'ordinaire, le plus grand plaisir de l'enfance. Dès ses plus tendres années, il fit ses délices des vies et des histoires des saints. Né pour la sainteté, cet enfant sembla, dès lors, mettre tout son zèle à chercher quelque grand modèle, qu'il pût se proposer d'imiter. (1) » Les vieux mémoires louent, sans pouvoir épuiser leur admiration, sa candeur et sa franchise, son obéissance et sa modestie, sa pureté virginale et son amour de la pénitence, sa douceur et sa piété, mais ils ne savent à quelle vertu donner la préfé-

(1) *Lettres apostoliques en forme de Bref pour la béatification du serviteur de Dieu J, B. de la Salle*, Rome, 14 février 1888. P. 6.

rence. Tandis que l'innocence de son cœur resplendissait sur son front, son regard pétillait d'intelligence. Il avait la passion de l'étude : il y mit, le Bref de Béatification a relevé ces simples détails (1), tant de zèle et de pénétration, « qu'il brilla, comme un modèle, aux yeux de ses condisciples, et dépassa de beaucoup l'attente de ses maîtres. »

Il s'agenouilla, pour la première fois, à la table sainte en portant dans son cœur toutes les joies ensemble : la joie de son innocence baptismale, dont il avait conservé le trésor par un don spécial de la grace ; la joie de rencontrer au divin banquet un père et une mère qu'une mort prématurée devait trop tôt ravir à sa tendresse ; la joie de voir sa jeune foi en parfaite harmonie avec la foi d'une vieille cité profondément religieuse et pratiquante ; la joie des anges descendus d'en haut pour saluer leur frère à leur table mystique. L'onction d'un si beau jour pénétra dans son âme, comme une rosée de l'Hermon, et sa physionomie dont la fraicheur et la beauté ravissaient les yeux, revêtit, par-dessus ses autres charmes, cette grâce particulière que la piété donne aux traits de l'adolescent.

Ni ses condisciples, ni ses maîtres, ni ses parents, personne ne fut surpris, quand il annonça qu'il voulait être prêtre. Il reçut, à onze ans, la tonsure cléricale des mains de Mgr d'Aulona, coadjuteur de Clermont. Le voici entré dans une autre carrière. Les vertus de l'enfant ne peuvent plus lui suffire. Vous lui révélez, Seigneur, les obligations qu'entraîne la vocation sacerdotale, et vous élevez son adolescence à un genre de vie, où vous nous faites voir comme l'annonce de l'admirable perfection à laquelle vous le destinez. (2) Désormais son âme est toute en Dieu : il ne connaît plus que la règle, l'étude, la mortification et les œuvres de charité. Et ce

(1) *Mêmes lettres*, p. 7.
(2) *Ibidem*, p. 7.

2

qui nous fournit comme la preuve de l'estime que lui attira une vie si exemplaire, c'est, dit la Bulle de Béatification, « le fait qu'un archidiacre de Reims, voulant se démettre du bénéfice dont il jouissait dans l'église métropolitaine avec le titre de chanoine, fit spontanément choix de Jean-Baptiste pour le résigner en sa faveur (1). » Le Bienheureux avait quinze ans.

L'illustre chapitre de Reims, qui l'admettait dans son sein, a fourni à l'église, dans le cours de son existence, quatre papes, et un grand nombre de cardinaux, d'archevêques et d'évêques. De magnifiques perspectives s'ouvrirent devant le jeune chanoine. Il ne vit que l'obligation de se rendre plus digne de l'honneur qui lui était fait. Après avoir achevé brillamment son cours de belles-lettres, « il se livra avec ardeur, dirai-je encore avec les mêmes documents, (2) à l'étude de sciences plus austères. Il remporta, dans l'Académie de Reims, la palme de la philosophie, qui lui fut décernée avec les plus grands éloges pour son talent. Puis, poussé par le désir de s'adonner tout entier à la théologie, il partit pour Paris, et devint dans le séminaire si florissant de Saint-Sulpice, comme dans une très noble école de vertu et de science, l'émule des plus belles intelligences. » Là se trouvait alors, avec beaucoup d'autres élèves appelés aux premières dignités de l'Eglise, François de Fénelon, le futur archevêque de Cambrai. Jean-Baptiste de la Salle n'y termina point ses cours. Il fut rappelé à Reims, par deux deuils cruels, la mort inopinée de son père et de sa mère, qui se suivirent de près, en laissant leurs enfants orphelins, et sans avoir la consolation de voir l'aîné de leurs fils monter au saint autel.

Le Bienheureux fut ordonné prêtre, à vingt-sept ans, dans sa ville natale. La douleur et la grâce l'ayant mûri avant l'âge, ce grand évènement marqua dans sa vie

(1) *Lettres Apostoliques*, p. 7.
(2) Mêmes lettres, p. 8.

une transfiguration nouvelle. Une fois honoré du sacerdoce de Jésus-Christ, il se livra, avec le plus absolu dévouement, à la gloire Dieu et au salut du prochain. Contemplez-le, mes chers Frères, dans l'exercice de ses fonctions sacerdotales: voyez-le attentif à tous ses devoirs de chanoine, animé d'un zèle ardent pour la beauté du culte, multipliant les prédications, luttant courageusement contre la secte des Jansénistes, administrant assidûment le sacrement de Pénitence, visitant les malades, consolant les malheureux, versant, d'une main discrète, de larges aumônes dans le sein des pauvres (1). Il ne se contenta point de pratiquer, à un haut degré, les œuvres et les vertus qui sont l'honneur du prêtre, il voulut recommander son ministère, en le couvrant de l'éclat d'une science éminente. Il continua de parcourir les vastes domaines des sciences ecclésiastiques, se levant à quatre heures du matin, prolongeant ses veilles à l'aide de mortifiantes inventions, (2) et donnant à l'étude tout le temps que ne réclamait point la religion ou la charité. De la sorte, il franchit, un à un, tous les degrés universitaires, et obtint, à l'âge de trente ans, le grade de docteur en théologie.

Arrêtons-nous un moment, mes Frères, pour admirer cette préparation inconsciente sans doute, mais voulue de Dieu, à la mission qui se révèlera bientôt. Ce qui paraît à l'extérieur dans cette homme de haute stature, à l'aspect imposant et distingué, c'est la noblesse des manières, c'est la grâce, la douceur. Il est la suavité même, et plus tard, on le proclamera, à juste titre, l'homme le plus doux de son siècle. Son âme cache un fonds étonnant de science et de raison, une parfaite égalité de ca-

(1) *Ibidem*, p. 8

(2) Pour vaincre le sommeil, tantôt il se mettait à genoux sur des cailloux aigus, tantôt il se plaçait de manière à blesser son front contre des pointes fixées à son bureau, dès que le moindre assoupissement lui faisait incliner la tête. *Vie du Vénérable J. B. de la Salle, fondateur de l'institut des Frères des écoles chrétiennes, par un membre de cet institut.* Paris, Poussielgue, 1876, p. 43, 44, 55.

ractère, une rare vigueur, une humilité qu'on ne possède dans cette mesure, qu'à la condition d'être un homme supérieur. Mon Dieu, que voulez-vous de lui ? Et pourquoi tardez-vous à le lui révéler? Celui que vous avez choisi a toutes les qualités et tous les titres que demandait saint Vincent-de-Paul. Il est entouré de toute la considération que donnent la noblesse, la fortune et la science. Il est prêtre et chanoine d'une insigne cathédrale, il pratique les vertus des saints ; il n'attend plus que la manifestation de votre volonté, pour vous répondre, en s'écriant comme le prophète Isaïe (1) : « Et j'ai dit : Me voici ; envoyez-moi. *Et dixi : Ecce ego; mitte me.* »

II

Les premières insinuations que le Bienheureux reçut au sujet de sa mission, lui vinrent d'un ami, et dans une circonstance dramatique. Il avait choisi pour diriger son âme, un chanoine de la collégiale, Nicolas Roland, théologal du chapitre et docteur de Sorbonne. C'était l'un des hommes les plus accomplis que Jean-Baptiste de la Salle ait rencontrés sur sa route. M. Roland avait fait de sa maison une sorte de séminaire, où il dirigeait les jeunes ecclésiastiques et formait leur conscience. Le Bienheureux fut un de ses pénitents les plus fidèles; il devint son disciple de prédilection. Le pieux chanoine avait en outre fondé, à Reims, une congrégation de sœurs enseignantes. Il sentait, quoique à peine arrivé à sa trente-sixième année, qu'il s'en allait à Dieu. « Je vais mourir, disait-il un jour à son ami, mais que deviendra l'œuvre que j'ai commencée pour l'éducation des jeunes filles? — Je m'en chargerai », lui répondit M. de la Salle. L'heure

(1) Is. VI, 8.

suprême approchait. Le mourant, éclairé d'en haut, entrevit les desseins de Dieu sur son ami : il lui annonça qu'il était destiné à une autre mission, et qu'il devait créer, pour les garçons, une œuvre semblable à celle qu'il avait lui-même établie pour les filles. Ne quittons point, mes Frères, un homme de bien qui s'éteignit si vite, sans bénir sa mémoire et sans offrir à son nom le tribut de nos louanges et de notre admiration.

Dieu l'avait placé comme un flambeau, sur le seuil de la nouvelle carrière qui va maintenant s'ouvrir. La parole qu'il devait dire ayant été prononcée, Nicolas Roland était rentré dans l'éternité. Mais cette parole d'un ami, descendue de ce mystérieux rivage et dite à une heure si décisive, fut pour le Bienheureux comme un trait de lumière. Elle le surprit ; il garda le silence : il n'avait jamais pensé à une œuvre de ce genre. Toutefois, l'obligation qu'il avait contractée au chevet d'un mourant lui imposa un premier dévouement. Il s'occupa de l'école des jeunes filles, il lui donna de solides assises et lui obtint des lettres patentes. En même temps, il vit et comprit de quelle utilité seraient les écoles que, au lit de la mort, on lui avait demandées pour les garçons, « si elles étaient dirigées, selon des principes et des règlements bien déterminés, par des hommes voués au service de Dieu et uniquement appliqués à ce soin. » (1)

Tandisque ces pensées travaillaient son esprit et cherchaient à s'y faire jour, il n'apercevait point la grande part qui lui était réservée dans la création des écoles chrétiennes. Il voulait bien sans doute y donner la main, mais il ne pensait guère à en faire l'unique occupation de sa vie. A part certaines exceptions tout-à-fait miraculeuses, Dieu ne montre point, d'un seul coup, à ses serviteurs, l'immensité de la carrière qu'ils ont à fournir. Il les attire, il les presse, mais en les laissant libres de

(1) *Lettres apostoliques*, p. 10.

leur dévouement. S'ils viennent, il leur aplanit la route il les aide à gravir les sentiers difficiles. Ce n'est qu'après de longs circuits, et souvent à la fin de leur course qu'ils aperçoivent toute l'étendue des chemins qu'ils ont parcourus.

Voici comment le Bienheureux fut mis sur sa voie.

Un jour, deux inconnus frappaient ensemble à la même porte. L'un était un étranger, venu de Rouen, avec l'intention de fonder, à Reims, des écoles pour les garçons pauvres. Il s'appelait Adrien Nyel; nous l'avons déjà nommé; l'autre était M. de la Salle. Ils s'entrevirent avec l'indifférence de gens qui ne se connaissent point. On les fit entrer. Adrien Nyel exposa son dessein avec l'éloquence d'un homme pénétré. Le Bienheureux lui dit : « Votre œuvre est grande et belle : je vous promets mon concours. »

Cette rencontre fortuite, ou pour mieux dire, providentielle, était, après la parole de M. Roland, une nouvelle avance de la grâce de Dieu. Cette fois, Jean-Baptiste de la Salle y donna un plein assentiment. Adrien Nyel ouvrit successivement plusieurs écoles et réunit un certain nombre de maîtres. Le Bienheureux leur traça un règlement, les entretint de leurs devoirs spirituels, les reçut à sa table, et présida à leurs exercices de piété. Les obstacles ne manquèrent pas, mais on y fit face. Tels furent, mes chers Frères, les premiers pas de M. de la Salle dans sa nouvelle carrière. Voilà les humbles débuts d'une œuvre aujourd'hui répandue dans toute l'Eglise.

C'est ainsi que Dieu travaille dans les choses de la nature, comme dans celles de la grâce. Les laboureurs jettent leurs semences sur les terres qu'ils ont péniblement retournées. Ils arrosent les champs de leurs sueurs et de leurs peines. *Euntes ibant et flebant, mittentes semina sua* (1). Puis les blés grandissent, ils couvrent les sillons

(1) *Ps.* CXXV, 6.

de leurs ondulations dorées, ils tombent sous la faux des travailleurs. La moisson est magnifique, elle charge leurs bras joyeux de ses gerbes innombrables. *Venientes autem venient, portantes manipulos suos* (1).

De même, M. de la Salle jette les premières semences de son œuvre, au milieu des contradictions des hommes avec les larmes de la prière et de la douleur. Ah! saluons ces premiers maîtres de Reims que raille la foule et que le travaille accable. *Euntes ibant et flebant.* Leur vénéré fondateur s'attache à eux, il les aime comme des amis; il ne sait pas encore qu'il leur donnera, un jour, le doux nom de frères. « Je m'étais figuré, dit-il humblement dans ses mémoires, que la conduite que je prenais des écoles et des maîtres ne m'engageait à leur égard à rien autre chose qu'à pourvoir à leur subsistance et à avoir soin qu'ils s'acquittassent de leur emploi avec piété et application. »

Prenez garde, ô Bienheureux! les choses que Dieu fait par ses élus sont pleines de vie. Les semences que vous confiez à une terre fécondée par vos prières et par vos larmes vont bientôt germer et produire au centuple. La renommée publie dans les villes d'alentour les vertus des maitres de Reims, la bonne tenue de leurs écoles et les succès de leurs élèves. La première, la ville de Rethel veut avoir quelques-uns de ces maîtres dévoués. Le duc de Mazarin en appelle dans le marquisat de Mont-Cornet. Les échevins de Château-Portien écrivent au Bienheureux, et celui-ci leur répond en ces termes : « J'aurais grand tort, Messieurs, de ne pas vous envoyer des maitres, vu l'empressement et l'ardeur que vous me témoignez avoir pour l'éducation et l'instruction chrétienne de vos enfants. » Adrien Nyel se multiplie; il accourt tantôt à Guise, tantôt à Laon pour fonder des écoles et y installer des maîtres. Comment dire l'activité, la joie, l'ardeur de cette communauté naissante? Com-

(1) *Ibid.* 7.

ment peindre les travaux, les dévouements, les triomphes de ces hommes qu'enflamment à la fois l'amour de Dieu et le zèle des apôtres. Ils se propagent avec une rapidité surprenante, ils vont de succès en succès, ils ne peuvent suffire aux pressants appels qui leur arrivent de tous côtés. *Venientes autem venient, portantes manipulos suos.*

Le Bienheureux rédige les premières règles de son Institut, Il énumère les vœux (1) auxquels devront s'engager les nouveaux religieux. Car il entend former de vrais religieux, et fonder un nouvel ordre, non destiné, cette fois, à la prédication ou à de hautes études, mais uniquement voué à l'enseignement primaire. A ces profès d'un genre nouveau, il donne le nom de FRÈRES DES ÉCOLES CHRÉTIENNES, le nom qu'ils portent encore, et qui est, après celui de PÈRE, réservé aux prêtres, le plus chrétien et le plus beau de tous les noms. Et quel charme il revêt à toute heure, quel enchantement de l'entendre incessamment sortir des lèvres des enfants les plus déshérités et les plus abandonnés, pour s'adresser à ce shommes généreux, issus parfois de riches familles, et que les plus sublimes inspirations de la fraternité chrétienne ont seules pu leur donner pour.maîtres! Regardez le fondateur du nouvel Institut, tel qu'il apparaît à vos yeux, dans une de vos chapelles. Il sort d'une méditation profonde; mais, à la sérénité qui brille sur son front, on voit que ses résolutions sont arrêtées. Il se tient debout en face de son siècle et de l'avenir, et il porte d'une main le livre où il a consigné ses pensées. Vous en lisez le titre: *Règles et consti'utions des écoles chrétiennes*, 1680. C'est un fondateur d'ordre.

En voyant s'établir une si belle œuvre, l'archevêque

(1) Les vœux prescrits par le Bienheurex de la Salle sont au nombre de cinq. En dehors des vœux de pauvreté, de chasteté et d'obéissance auxquels les Frères sont astreints comme les autres religieux, ils doivent encore prononcer le vœu de demeurer stables dans la société, et d'enseigner gratuitement les enfants, sans accepter quoi que ce soit, comme rétribution de leurs peines.

de Reims, Mgr le Tellier, le frère du célèbre chancelier de France, fit à M. de la Salle les offres les plus avantageuses. Elles devaient absolument assurer l'avenir de ses établissements ; on y mettait une condition pourtant, celle de confiner l'Institut dans les limites du diocèse. Le Bienheureux refusa ; il avait de plus grandes pensées. Il voulait une œuvre non diocésaine, mais nationale, ou plutôt universelle. Il fallait, non s'enfermer dans une ville de province, mais porter à Paris le siége de l'Institut, afin de le faire rayonner de là sur la France et sur le monde. C'était l'ardent désir de son cœur, mais il attendit l'appel de Dieu pour la propagation de son œuvre, comme il avait fait pour en concevoir le plan. Il se rendit dans la capitale, à la voix de M. la Barmondière, qui dirigeait alors la grande paroisse de Saint-Sulpice. Là surtout, il sema dans le travail et la douleur, car les débuts furent extrêmement pénibles. Mais, ô Bienheureux, vous avez pris possession de Paris, et si vous devez partir en exil, si vous devez y mourir, vos fils reviendront plus tard dans la capitale de la France, comme au centre providentiel de leur action.

De Rouen, où l'Institut trouva une seconde métropole, les essaims s'envolèrent dans les principales villes du Nord et bientôt par toute la France, jusque sur les blanches montagnes des Alpes et sur les bords enchanteurs de la Méditerranée. Le Bienheureux ne pouvait oublier Avignon, la ville des papes. Il s'y établit providentiellement, en 1703 (1). Dès l'année prècédente, il avait envoyé deux de ses Frères jusqu'à Rome, pour y fonder une école. Je laisse ici la parole à son grand panégyriste, notre bien aimé Pontife Léon XIII : (2)

« Comprenant bien que, comme la sève monte de la

(1) Mme de Château-Blanc avait légué six mille livres pour fonder une école de charité, sans connaître l'Institut des Frères. C'est en cherchant des maîtres chrétiens pour réaliser ce pieux désir, que l'exécuteur testamentaire apprit ce que le Bienheureux avait déjà fait dans d'autres parties de la France.

(2) *Lettres apostoliques*, p. 12.

racine aux branches, c'est de la chaire de Pierre que découle pour toutes les institutions chrétiennes le principe de vie et de fécondité, il se recommanda, lui et sa Congrégation, à la protection des Pontifes romains. Nous en avons un éclatant témoignage dans la députation qu'il envoya à Notre prédécesseur Clément XI, pour rendre hommage à sa personne, exposer le dessein de son Institut, ouvrir une école dans Rome et soumettre ses règles à l'autorité du Souverain Pontife. »

Ce jour mit le comble à ses vœux. C'était depuis longtemps le rêve de sa pensée. Lui qui signait « *prestre romain* », lui qui, dans des temps difficiles avait arboré le drapeau des doctrines romaines, attendit l'heure marquée par Dieu ; là, comme ailleurs, il voulut que la Providence lui frayât la voie : « Je n'aime pas, disait-il, m'avancer en aucune chose, et je ne m'avancerai pas plus à Rome qu'ailleurs ; il faut que la Providence s'avance la première. » Retenez ce mot, mes chers Frères ; il le peint tout entier. Dieu l'a envoyé évangéliser les pauvres. A Reims, à Paris, à Rome, il a pu se rendre ce témoignage qu'il avait une mission et que Dieu la lui avait manifestement confiée. *Evangelizare pauperibus misit me.*

La divine Providence était allée au devant du Bienheureux. Comment avait-il répondu à son appel? Il y avait répondu, comme l'ont toujours fait les saints, par le sacrifice complet de lui-même.

Autrefois, quand Dieu destina Abraham à devenir le chef d'un grand peuple, il lui dit cette parole : « Sortez de votre famille et de la maison de votre père. *Egredere de cognatione tuâ et de domo patris tui.* (1). Aujourd'hui, quand la voix de la grâce appelle un homme à l'apostolat du ministère ou à celui de l'école, elle lui demande la même abnégation. « Sortez de votre famille et de la maison de votre père. » Ce fut le premier sacrifice que

(1) *Gen.* XII, 1.

fit le Bienheureux. Il fallut remplacer par une demeure plus spacieuse la maison paternelle, devenue trop étroite pour abriter le nombre croissant des novices et des maîtres. Jean Baptiste quitta le gracieux hôtel de sa famille, la maison aux figures symboliques, aux trophées militaires, à l'écusson d'azur, qu'on aperçoit encore. Il sortit de cette demeure sanctifiée par la mort d'un père et d'une mère, auxquels il n'avait pu adresser ses douloureux adieux. Il se sépara de ses frères et de ses sœurs, dont il avait été le tuteur intelligent et zélé, et de tous les membres d'une famille tendrement aimée. Il rompit, de la sorte, avec les souvenirs de son enfance, les joies de sa jeunesse et les relations qui avaient entouré son entrée dans la vie, pour s'en aller, comme le patriarche des anciens jours, vers la terre promise à son Institut.

Ô Bienheureux! ce n'est là que le premier déchirement de votre cœur. Il ne vous suffira point d'avoir oublié votre peuple et la maison de votre père (1); votre mission réclame une immolation nouvelle. Comment concilier les fonctions assujettissantes de supérieur d'un institut avec les obligations canoniales du chapitre de Reims! Les unes et les autres réclament ses heures; elles sont incompatibles. Il n'y a pas d'alternative. Mais lesquelles choisir? Les premières sont sans éclat, sans profit, sans avenir pour lui; les autres sont honorées, lucratives, pleines d'espérances. Celles-ci sont faciles; celles-là hérissées d'écueils. Le Bienheureux s'inspira, non des pensées du temps, mais des lumières de l'éternité. Il se rappela qu'un de ses prédécesseurs au chapitre de Reims, saint Bruno, était descendu de sa stalle, pour obéir à une voix sortie du tombeau. Et lui, n'était-ce pas également une voix sépulcrale qui avait guidé ses premiers pas? La dernière parole de M. Roland ne lui demandait-elle pas un pareil sacrifice? Un jour, saint Bruno arrivait, avec les chanoines de Reims, dans la

(1) Psalm. XLIV, 11.

grande salle de l'université de Paris, pour assister aux obsèques d'un docteur renommé par sa science et ses vertus. Le mort était couché dans sa bière, le visage découvert, suivant l'usage de cette époque. Quel ne fut point l'effroi de toute l'assistance, lorsqu'il se leva sur son séant et prononça des paroles lugubres qui n'ont d'égales dans l'histoire que le fameux *Mane*, *Thecel*. *Phares* d'un ancien roi d'Assyrie (1)? Dressé sur sa couche funèbre, il fit entendre ces mots épouvantables: « Je suis accusé, je suis jugé, je suis condamné. » Puis, il retomba, inerte et glacé, sur sa couche funèbre. De retour à Reims, saint Bruno dit à ses collègues: « Que ferons-nous, mes amis? Courrons-nous à notre perte? vous avez entendu la voix d'un homme qui fut grand par sa science, et qui passait pour un saint. Qu'adviendra-t-il de pécheurs tels que nous? (2) » Jean-Baptiste de la Salle fit comme lui: il quitta son siége et vint s'enfermer, non dans la contemplation des cénobites, comme saint Bruno, mais dans les laborieuses occupations de l'école.

Ici l'attendait le glaive même du sacrifice, pour tailler et trancher jusqu'aux plus vives divisions de l'âme. Le saint fondateur n'entendait point que les vœux qu'il avait imposés, restassent lettre morte. Il parlait à ses Frères comme à de véritables religieux, leur prêchant toutes les rigueurs de l'abnégation et de la pauvreté. Il leur disait de douces et saintes paroles comme celles-ci: « Ayez confiance en Dieu; soyez sans crainte pour l'avedir. Jésus-Christ s'est chargé de vous. Sa parole est votre contrat d'assurance. Il n'y en a pas de plus solide, car il l'a signé de son sang, il l'a muni du sceau de la vérité infaillible. » Ces raisons étaient bonnes et ces paroles encourageantes. Mais les jeunes religieux ne les goûtaient point. « Pourquoi donc, leur demanda-t-il un jour, ne me croyez-vous pas? – Ah!

(1) Dan. V, 20.

(2) S. *Brun. act. Patr. Lat.* t. CLII, 21. col. 483.

Monsieur, lui répondit l'un d'eux, il vous est facile de nous prêcher le détachement. Vous êtes riche, vous ne manquez jamais de rien. » Le saint fon dateur comprit qu'il devait ajouter l'exemple au précepte. Il vendit tous ses biens et il les distribua aux pauvres. C'était l'exacte application du mot de l'évangile (1): « Si vous voulez être parfait, vendez tout ce que vous avez et donnez-le aux pauvres ». Le Bienheureux le fit sans réserve, car il ne donna rien à son œuvre qui était pauvre, ne voulant point la fonder sur d'autres assises que sur les bases d'or de la foi et de la charité chrétienne.

La mission divine du Bienheureux de la Salle se dessine manifestement dans cette seconde moitié du siècle de Louis XIV, au milieu de tant d'actions illustres et de génies fameux qui s'y donnèrent rendez-vous pour l'éternel honneur du nom français. Bossuet, Fénelon se firent les précepteurs des enfants des rois. Le peuple aura-t-il les siens? oui, mes chers Frères ! Dieu appelle un saint pour faire sortir de la noble terre de France les incomparables phalanges des précepteurs du peuple. Le Bienheureux leur dit cette parole que j'ai lue, non sans émotion, tout-à-l'heure, sur le seuil de votre église : « Prenez autant de soin des enfants du peuple, que s'ils étaient enfants de Roi (2). D'autres, comme Vincent-de-Paul, jetèrent, d'une main compatissante, les trésors de la charité dans les abîmes insondables de la misère matérielle et morale. Jean-Baptiste de la Salle porta, avec un égal amour, le flambeau de la doctrine chrétienne dans les profondeurs non moins lamentables des ténèbres intellectuelles. Quelques-uns, comme

(1) *Matth.* XIX, 21.

(2) Les règles de l'Institut, chapitre VII, verset 14, commentent ainsi cette belle parole : « Les Frères témoigneront une égale affection pour tous leurs élèves, plus même pour les pauvres que pour les riches parce qu'ils sont plus chargés par leur Institut des uns que des autres. »

l'abbé de Rancé,rétablirent les austérités de la pénitence, et le nom de la Trappe devint synonime des plus hautes mortifications. Le chanoine de la Salle fut suscité de Dieu pour sauvegarder l'innocence du premier âge et former pour le ciel des fleurs immaculées. Ceux-ci, comme Adrien Bourdoise, établirent les séminaires pour l'instruction du clergé. Le Bienheureux travailla directement pour le peuple, et c'est pourquoi il a obtenu cette louange de notre grand Pape : « Il en a bien mérité de l'Eglise et de la société civile.» Ceux-là s'en allèrent, comme les enfants de saint Ignace, de saint Dominique et de saint François d'Assise, porter l'évangile aux infidèles. Le nouvel apôtre, sans exclure les missions lointaines où tant de ses fils ont recueilli depuis de si riches moissons, pensa tout d'abord aux petits enfants de la France, et c'est pour eux,avant tout,que cette parole lui fut dite: *Evangelizare pauperibus misit me.* Dieu m'a envoyé évangéliser les pauvres. Ah ! sans doute, ni sa personne ni son œuvre n'ont point l'éclat de plusieurs des grandes choses et des noms illustres avec lesquels je les ai mises en parallèle; mais, elles ne doivent être ni méconnues ni dédaignées dans la constellation des gloires qui resplendissent sur le grand siècle. Le Bienheureux, pour faire une France chrétienne, a pris la société par ses bases les plus profondes en s'adressant aux enfants du peuple. *Evangelizare pauperibus misit me.* C'est à eux que Dieu l'a envoyé annoncer l'évangile. Puissions-nous avoir, comme lui, la science des saints pour soutenir de toutes nos forces, et faire prospérer de plus en plus, une œuvre aujourd'hui plus nécessaire que jamais, afin de mériter, comme lui, la récompense des saints ! O Bienheureux de la Salle, priez pour nous et obtenez-nous, nous vous en conjurons une grâce si précieuse. Ainsi soit-il.

SECOND PANÉGYRIQUE

LES ÉPREUVES DU BIENHEUREUX

> *Beati qui persecutionem patiuntur propter justitiam, quoniam ipsorum est regnum cœlorum.*
>
> Bienheureux ceux qui souffrent persécution pour la justice, parce que le royaume des cieux est à eux.
>
> Matth. v, 10.

MONSEIGNEUR,

Le Bienheureux Jean-Baptiste de la Salle fut persécuté à cause de sa mission divine ; il affirma, devant les hommes, les droits souverains de la justice éternelle, et il souffrit pour cette grande cause de longues et douloureuses épreuves. Dieu pare aujourd'hui son front de l'auréole des élus, non-seulement parce qu'il s'est acquitté saintement de la mission qui lui fut donnée, mais encore et surtout parce qu'il a subi les persécutions qu'ont endurées les saints. Bienheureux ceux qui souffrent persécution pour la justice, parce que le royaume des cieux est à eux. *Beati qui persecutionem patiuntur propter justitiam, quoniam ipsorum est regnum cœlorum.*

Et combien *les Lettres Apostoliques*, que notre illustre Pontife, Léon XIII, a données pour la Béatification du vénérable serviteur de Dieu, sont opportunes ! Le moment choisi, pour annoncer à toute la terre la gloire incomparable du fondateur des écoles chrétiennes, est précisément celui où son œuvre subit une persécution semblable à celle qui désola sa vie. Depuis bientôt vingt ans, les Frères ont vu fondre sur eux la tempête de la tribulation. Dieu a pensé, dans ses profonds conseils, suivant le mot de saint Augustin, qu'il est plus digne de lui et plus glorieux pour nous, de permettre que les maux nous arrivent pour les changer en biens. Ces biens, les Frères en saluent l'espérance et en goûtent déjà la réalité, puisque le Souverain Pontife, en couronnant leur père, les fait bénéficier d'un honneur, qui est pour eux comme un patrimoineet un héritage, et surtout parce qu'il leur procure, dans le ciel, un protecteur aussi dévoué que puissant.

Nous dirons donc du Bienheureux de la Salle : Il fut de ceux qui sèment dans les larmes, mais qui moissonnent dans l'allégresse. *Qui seminant in lacrymis in exultatione metent.* (1) C'est la parole du chantre inspiré des psaumes et l'une des devises que je lis sur les oriflammes qui décorent votre église. Le jour est venu de montrer que les épreuves du temps sont les grâces de l'éternité, et comment se vérifient sous nos yeux les consolantes prophéties que Jésus-Christ a faites aux persécutés.

Et nous dirons aussi des fils du Bienheureux. Dans ces temps difficiles, leur dévouement est méconnu, leur tâche est rude et souvent le monde la rend amère. Mais l'Eglise glorifie aujourd'hui leur apostolat, et leur fait trouver une joie bien douce dans les imposantes manifestations qu'elle provoque, en l'honneur de leur père. Passez, chers Frères, au milieu du monde. Quand on vous persécute, passez heureux et fiers de souffrir quelque chose pour Jésus-Christ. Mais aujourd'hui, cette cité vous acclame, parce que chacun de vous a quelque part à l'éloge que notre grand Pape a

(1) *Ps.* CXXV, 5.

décerné à votre fondateur : « Il a bien mérité de l'Eglise et de la société civile. »

Ne séparons point ces deux pensées que l'évangile et notre époque ont réunies et qui s'y trouvent entourées d'une si grande lumière. Nous considérerons successivement les épreuves du Bienheureux Jean-Baptiste de la Salle et celles de son œuvre, et nous verrons dans les premières la preuve certaine de la sainteté de l'un, et dans les secondes le gage assuré du triomphe de l'autre.

I

Les saints, mes très chers Frères, vivent de deux immolations : l'immolation de Jésus-Christ sur le Calvaire, qui est la source universelle de toutes les grâces de la rédemption ; et leur immolation personnelle sur le nouveau calvaire, que leur font gravir les tribulations du monde. Le Sauveur a dit de la première (1) : « Lorsque j'aurai été élevé en croix, j'attirerai tout à moi. » Il salue cette heure, comme celle de la manifestation de sa gloire : (2) « Le temps est venu où le Fils de l'homme sera glorifié. » L'humanité pour laquelle il est mort, s'est agenouillée devant son tombeau, et tous les siècles ont proclamé son éternel triomphe sur la mort et sur le tombeau. « Il s'est anéanti lui-même, s'écriait déjà saint Paul avec l'accent d'une divine éloquence (3), il s'est fait obéissant jusqu'à la mort, et jusqu'à la mort de la croix. Mais Dieu l'a élevé, et lui a donné un nom qui est au-dessus de tout nom. Il veut qu'au nom de Jésus tout genou fléchisse, dans le ciel, sur la terre et dans les en-

(1) *Joan.*, XII, 32.
(2) *Ibid.*, 23.
(3) *Phil.*, II, 7.

fers, et que toutes les langues du monde proclament que Jésus est dans la gloire de Dieu son Père. »

Mais il manque quelque chose à l'immolation de Jésus-Christ. Ecoutez encore saint Paul : « J'accomplis en ma chair ce qui manque aux souffrances du Christ. *Adimpleo in carne mea quæ desunt passionum Christi* (1). » Que leur manque-t-il donc, ô grand Apôtre ? Il a été immolé sur le calvaire. Il faut qu'il le soit à la face du monde, et que les saints reproduisent dans leurs personnes, la vivante image de ses souffrances. Il faut qu'ils la montrent à tous les siècles et à toutes les contrées de la terre, et que la croix où meurt la victime immortelle, soit toujours dressée pour attendrir et sauver les hommes. Aussi, je ne m'étonne pas d'entendre le Docteur des nations s'écrier, dans un sublime enthousiasme : (2) « Je me plais dans mes souffrances ; car, lorsque je suis opprimé, c'est alors que je suis puissant. » Ou bien encore : (3) « Nous portons partout dans nos corps la mort de Jésus, afin que la vie de Jésus se fasse voir aussi dans nos corps. Car nous qui vivons, nous sommes à toute heure livrés à la mort pour Jésus, afin que la vie de Jésus se fasse voir aussi dans notre chair mortelle. »

Eminente doctrine, mes Frères, et leçons transcendantes que le Bienheureux était digne de mettre en pratique.

A Reims, il avait aisément triomphé des épreuves dont la Providence avait entouré son œuvre naissante. Semblables à ces épines, à l'aide desquelles le diligent laboureur protége une plante délicate, elles avaient gardé dans toute la fraîcheur de leur épanouissement les pensées généreuses et les vertus qui dirigeaient ses premiers pas. L'humilité des fonctions auxquelles il se dévouait, lui attira les contradictions de sa famille et les dédains de ses collègues ; la création d'un nouvel ordre religieux, la

(1) *Colos*. I, 24.
(2) *Cor*., XII, 10.
(3) *Cor*., IV, 10. Cf. *Ibid*. 8-9.

pauvreté des Frères et surtout celle de leur costume, excitèrent les railleries d'une foule ignorante; la pureté de la foi du saint fondateur et l'invincible aversion qu'il témoigna dès lors, en toute circonstance, contre les Jansénistes, provoquèrent, de leur part, une opposition sourde, mais continue, et qui se manifestera plus tard par d'éclatants coups de tonnerre. « Nul doute, *les Lettres Apostoliques* l'ont remarqué (1), que les liens particulièrement intimes qui l'attachaient à l'Eglise romaine l'exposèrent souvent aux graves attaques et à la haine des méchants. » Mais, à Reims, l'honneur de son nom, sa dignité de chanoine, sa situation personnelle le préservaient, comme un palladium. Il fallait d'autres épreuves pour marteler sa grande âme, et un autre calvaire pour le mettre en croix. Seigneur, vous le jetterez seul, au milieu d'un monde inconnu; il y sera sans parents, sans passé, sans fortune, n'ayant d'autre protection que son néant. Mais où le verre se brise, le fer se retrempe; où la paille se consume, l'or se dégage plus pur; où la victime est immolée, votre parole, ô mon Dieu, proclame sa sainteté.

Paris fut pour lui ce nouveau Calvaire. Les premières contradictions qu'il y rencontra lui vinrent d'une indigne et basse rivalité. Son arrivée dérangea singulièrement les calculs des maîtres-écrivains. C'est le nom que l'on donnait alors à ceux qu'on nomme aujourd'hui les instituteurs des écoles primaires. Ils portaient fièrement le titre de « maîtres et gardes des nobles art et science d'écriture et d'arithmétique. » Ils formaient une corporation, ils avaient un monopole, et veillaient avec un soin jaloux sur la dignité de leur profession. Par malheur, leurs appointements étaient fort courts. Or le Bienheureux donnait une instruction absolument gratuite. Ses écoles se peuplèrent. Bientôt, son absolu désintéressement, les préférences des parents, l'affection des élèves, leur tenue parfaite et leurs progrès ne furent un secret pour

(1) p. 13.

personne. Les maîtres-écrivains s'émurent « De quel droit cet étranger, dirent-ils, vient troubler la paix, nous enlever nos élèves, entraver notre carrière et nous priver de nos ressources ? Sommes-nous déjà si riches ? Opprimons-le avec adresse. Armons-nous contre lui de tous les droits que nous confèrent notre monopole et notre corporation. » Opprimons-le avec adresse ! *Sapienter eum opprimamus* ! Cette maxime n'est pas d'eux, j'en conviens ; elle est plus ancienne. Elle fut inventée par un Pharaon jaloux de la prospérité du peuple hébreu. Opprimons le avec adresse, dit-il un jour à son conseil. *Sapienter eum opprimamus* (1). Faisons une loi, et jetons dans le Nil les enfants d'Israël.

Les maîtres-écrivains parlèrent comme cet antique oppresseur. « Nous avons des droits ; accablons l'étranger, et jetons dans le Nil de l'ignorance et du vice les enfants qu'on nous enlève. » Ils attaquèrent le Bienheureux, non pas au nom de la justice, mais au nom de la légalité. Ils lui firent procès sur procès. Il se vit, maintes et maintes fois, assigné par les huissiers, traduit devant les tribunaux, jugé en première instance, et quand la sentence lui fut favorable, traîné devant le Parlement. Les officiers ministériels saisirent le mobilier scolaire, et des hommes de peine en chargèrent des voitures de déménagement. Le lieutenant de police investit les maisons, viola les domiciles, expulsa les religieux. (2) Et l'on vit, spectacle inoui jusqu'alors ! des hommes voués à la plus humble comme à la plus nécessaire de toutes les œuvres, l'édu-

(1) *Exod.*, I, 10.

(2) M. Armand Ravelet, (Histoire de J.-B. de la Salle, Paris, 1874) a publié plusieurs des jugements prononcés contre le Bienheureux, pp. 302, 304, 307, 310. L'un d'eux porte dissolution de l'Institut, et M Ravelet ajoute : « Cette sentence déjà si dure fut exécutée avec la dernière rigueur. Elle fut affichée dans tous les carrefours de Paris ; des sergents se présentèrent dans l'école de la rue de Charonne avec un attirail de marteaux, d'échelles, de charettes ; l'inscription qui était sur la porte : *Les Frères des écoles chrétiennes*, fut arrachée ; les bancs, les tables, les livres, tout ce qui servait à dessiner, à écrire, à lire même, fut saisi, emporté, et la maison, mise au pillage, fut laissée vide et déserte. » p. 309. Les textes des jugements sont aux archives nationales, Y, 9413. L, 492.

cation des enfants du peuple, quitter en pleurant leurs écoles bouleversées, leurs élèves qui les rappelaient, leurs amis accourus pour les défendre, et chercher, dans ce grand Paris, un asile et du pain.

Après avoir erré de paroisse en paroisse, le Bienheureux, « devenu le jouet, comme s'expriment les Lettres Apostoliques, de l'insolence et de la grossièreté des maîtres d'école, » dut abandonner la capitale. Ah ! mes chers Frères, comme son cœur fut triste ! et quelles larmes brûlantes jaillirent de ses yeux ! O Paris, Paris ! s'écria-t-il, comme autrefois le divin Maître en présence d'une ville ingrate : (1) « Jérusalem, Jérusalem, toi qui tues les prophètes et qui lapides ceux qui te sont envoyés, que de fois j'ai voulu rassembler tes enfants, comme la poule rassemble ses petits sous ses ailes, et tu ne l'as pas voulu. » O Paris, Paris, toi aussi, tu lapides et tu chasses ceux qui te sont envoyés ! Et cependant, je n'avais d'autre désir que de rassembler tes petits enfants près de moi, pour les instruire, les élever et en faire des chrétiens !

Le Bienheureux s'était rendu à Paris sur les sollicitations les plus pressantes ; ses écoles avaient excité l'admiration publique. Le voici maintenant chassé de la capitale ! Comment expliquer un revirement si complet ? C'est là précisément ce qui redouble sa douleur. Ceux qui l'avaient appelé, ceux qui soutenaient son œuvre, tous ses protecteurs l'ont abandonné. Des hommes, que leurs vertus comme leurs œuvres, recommandent aux respect de la postérité, M. de la Barmondière, M. Baudrand, M. de la Chétardie, ont éprouvé dans leur dévouement une lamentable défaillance, et il est venu des heures où leur opposition a été aussi cruelle que manifeste. Le premier appela M. de la Salle et lui signifia son renvoi ; le second lui marchanda son pain ; le troisième le fit injustement déposer. Racontons ces choses, ou du moins les plus douloureuses, car elles appartiennent à la véri-

(1) *Matth.*, XXIII, 37.

dique histoire, et il faut les redire pour l'honneur des saints.

Deux hommes sortent de l'archevêché de Paris. L'un porte un nom célèbre dans l'histoire de l'université, je ne le citerai point, d'abord par respect pour sa mémoire, ensuite parce que, dans cette circonstance, sa conduite fut digne. L'autre est l'intrus désigné pour remplacer le Bienheureux, comme supérieur de l'Institut. Celui-ci ne mérite point que nous nous occupions plus au long de sa personne. Ils arrivent dans la salle des exercices. Le Bienheureux les reçoit avec toute la déférence et toutes les marques de respect qui sont dues aux représentants de l'autorité. L'assemblée se réunit. Les délégués font connaître leurs instructions. M. de la Salle est déposé ; le nouveau supérieur est là. Cette déclaration provoque une des scènes les plus attendrissantes qu'on puisse trouver dans les annales de l'Institut. Humble et soumis, le Bienheureux accepte la sentence qui le frappe; il supplie ses Frères d'obéir à l'archevêque. Ceux-ci fondent en larmes et s'écrient tous ensemble; « Monseigneur a été trompé ; sa volonté n'est pas qu'on persécute un saint! » La situation est poignante; l'émotion dilate toutes les poitrines. Les délégués ne savent quel parti prendre. Promesses, menaces, fermeté, douceur, tout échoue devant l'inébranlable constance des Frères. L'intrus quitte la séance en disant: « Laissons à ces Messieurs leur supérieur; je n'ai rien à faire ici. » Et le représentant de l'archevêque, lui ayant rendu compte de ces incidents mémorables, ajoutait cette parole significative: « Si tous les inférieurs étaient aussi attachés à leur supérieur que les Frères le sont à M. de la Salle, les communautés seraient un paradis, et l'on n'y verrait que des saints. »

Scène admirable! me direz-vous peut-être, mais comment la comprendre? Pourquoi les protecteurs naturels du Bienheureux font-ils cause commune avec ses ennemis? Et comment ont-ils gagné l'autorité supérieure elle-même? Oui, vous avez raison ; il faut aller jusqu'au fond de ces persécutions indignes, pour en chercher la cause. La cause, mes Frères ! Elle est celle que Jésus-Christ avait indiquée à ses disciples, en leur prédisant des persécutions ; (1) c'est la calomnie : « Vous serez bienheureux, lorsque, à cause de moi, les hommes vous auront chargés d'injures, qu'ils vous auront persécutés, et qu'ils auront dit faussement toute sorte de mal contre vous. Réjouissez-vous et faites éclater votre joie, parce qu'une grande récompense vous est réservée dans les cieux. C'est ainsi qu'ils ont persécuté les prophètes qui ont vécu avant vous. »

Il se rencontra deux misérables, je le dis en frémissant, c'étaient deux prêtres, qui avaient contracté envers le Bienheureux des engagements sacrés, et qui manquèrent à leur parole, comme aux lois les plus élémentaires de la justice. L'un fut pris de la jalousie qui dévorait autrefois le cœur de Saül. On lit dans l'Ecriture que ce roi, réprouvé de Dieu, lança un trait contre David, tandis que le vainqueur des Philistins essayait de calmer son injuste colère avec les harmonies du psaltérion.

Ainsi, cet homme que M. de la Salle avait associé à son œuvre, lança contre lui le glaive à deux tranchants de la calomnie. Il provoqua des enquêtes douloureuses et lui fit perdre l'affection et la confiance de tous ses protecteurs. L'autre, plus déloyal encore, commit, à son endroit, de vrais actes de félonie, le traduisit devant les tribunaux et provoqua contre lui un jugement inique (2). L'accusé, imitant son divin modèle ne se défendit pas. *Jesus autem tacebat* (3). Jésus gardait le silence. Mais, ô mon Dieu vous frappâtes l'accusateur, car ayant commis d'autres crimes, il rencontra moins d'indulgence et il reçut le stigmate d'une flétrissure indélébile (4). Le Bienheu-

(1) *Matth*, V, 11.
(2) *Arch. nat*. Y, 5556.
(3) *Matth*. XXVI, 63.
(4) Le malfaiteur dont il s'agit, fut, quelque temps après, condamné aux ga-

reux n'opposa à ses calomniateurs qu'une inébranlable patience. « Il arriva, dit le Bref de Béatification (1), que de graves difficultés vinrent de ceux mêmes de qui l'on devait le moins s'y attendre. Lui, cependant, bafoué, poursuivi par l'injustice, voué à la honte par la calomnie, traîné devant les tribunaux, condamné à l'amende, il endura tout, il dévora tout, avec un courage aussi calme qu'invincible. »

Mais si le cœur des saints pardonne, la justice de Dieu, je l'ai dit, poursuit les coupables. Le prophète royal a très bien rendu les deux sentiments qu'éveilleront toujours dans l'âme du juste opprimé, comme dans celle de Jésus-Christ trahi par Judas, d'une part le désir du pardon, de l'autre, l'horreur de l'injustice (2) : « Si mon ennemi m'avait maudit, je l'aurais souffert; si celui qui me haïssait, avait parlé insolemment contre moi, j'aurais dévoré ma douleur. Mais c'est vous qui m'avez livré, vous avec qui je n'avais pas de secret, vous qui conduisiez mon peuple, qui étiez mes amis, qui participiez, comme moi, aux délices de la table divine, et qui m'accompagniez dans la maison de mon Dieu. Ah! que la malédiction du ciel descende sur les pécheurs! car Dieu voit leur malice. Pour moi, je lui adresserai mes plaintes et je ferai monter vers lui les cris de ma douleur. »

Mais je n'ai pas dévoilé tout ce mystère d'iniquité. A qui ces indignes calomnies durent-elles leur triomphe? Aux Jansénistes. Qui excita la défiance de M. de la Chétardie et des autres? Les Jansénistes. Qui encouragea les maîtres-écrivains? Les Jansénistes. Aujourd'hui, mes chers Frères, nos ennemis sont dehors, et nous nous plaignons. Ils assiègent nos défenses, et nous gémissons des malheurs de notre âge. Mais alors, les ennemis étaient au-dedans, prêts à livrer la place avec ses défen-

lères, pour entreprise contre l'Etat. (*Hist. du vén. J.-B. de la Salle, par Armand Ravelet*, p. 403.)

(1) p. 12.

(2) *Ps.* LIV, 12 et seq.

seurs. Que dis-je? ils faisaient aux vrais enfants de l'Eglise, à ceux qui cherchaient la règle de leur conduite et de leur foi dans les décisions du Souverain Pontife, une guerre incessante, le plus souvent par de sourdes manœuvres, quelque fois par des attaques acharnées.

Ils avaient voué, depuis longtemps, à M. de la Salle une haine implacable. A Paris, dès son arrivée, ils firent tout pour briser ses desseins: « Il s'était à peine mis à l'œuvre, disent les Lettres Apostoliques (1), qu'une tempête de vexations se souleva contre lui, tellement soudaine, tellement furieuse, qu'on peut à peine y croire, et les Jansénistes s'emportèrent à des excès inimaginables d'outrage et de méchanceté. » Ils ne lui pardonnèrent jamais sa soumission au Saint-Siège et à la bulle *Unigenitus*. En ennemis irréconciliables, ils suscitèrent partout contre lui les oppositions, les divisions, et fomentèrent des troubles jusque dans ses communautés. A Marseille, ils essayèrent un moment de le circonvenir; ils lui offrirent l'appui de leur influence et se prêtèrent à ses vues. On dit même qu'ils allèrent jusqu'à lui proposer l'épiscopat. Mais voyant leurs peines perdues, ils firent échouer ses projets et sombrer les écoles et le noviciat dont il avait déjà jeté les assises.

En apprenant le succès de leurs efforts, le Bienheureux ne trouva point d'autre parole que celle de la résignation. « Dieu soit béni ! s'écria-t-il. Car apparemment, il le veut ainsi. » Et il se retira devant l'autel pour adorer les secrets insondables de la Providence. Ce fut la seule réponse qu'il leur opposa sur son lit de mort, dans le dernier acte de cette trop longue persécution. Il était en proie à la souffrance, et son agonie allait commencer, lorsqu'on vint lui annoncer que, par sentence de l'officialité diocésaine, il ne lui serait pas permis de célébrer la sainte messe, le jour de Pâques, dans la chapelle de sa maison. « Dieu soit béni ! murmura-t-il; je mourrai,

(1) *Ibid.* p. 12.

comme Jésus-Christ, sur la croix. » Le prêtre janséniste qui l'assistait, n'eut pas l'âme assez tendre pour comprendre sa douceur envers la mort et la sérénité qui brillait sur son front, après une telle vie: « Ignorez-vous, lui dit-il, que votre état est désespéré, et que vous allez paraître devant Dieu? Je le sais, répondit le mourant. Je verrai bientôt mon Sauveur; je vous remercie de m'en donner une nouvelle assurance. »

C'est avec cette confiance surnaturelle que le Bienheureux Jean-Baptiste de la Salle ferma les yeux aux ombres de la terre, pour les ouvrir aux clartés immortelles. Il mourut, comme son divin Maître, le vendredi saint. Quand ils apprirent sa fin, ceux qui l'avaient privé bien inutilement de la consolation de célébrer la sainte messe dans sa communauté, le jour de Pâques, ne purent s'empêcher de s'écrier: « C'est un saint! C'est un saint! » Et le prêtre qui l'avait si durement interpellé, dans ses derniers moments, s'en alla en disant aussi: « C'est un saint! » Les soldats qui avaient crucifié Jésus-Christ, et le centurion, témoin de ses douleurs, descendirent du Calvaire, l'Evangile le raconte, en se frappant la poitrine et en disant (1): « C'était vraiment le Fils de Dieu! »

II

Le flambeau qui brille aujourd'hui sur l'œuvre des écoles chrétiennes, s'éteignit à Rouen, en 1719. Il était caché, depuis cent soixante-huit ans, dans la terre de Normandie, lorsqu'il s'est tout-à-coup rallumé sous nos yeux. Dieu réservait à notre âge cette pure et brillante lumière, parce que notre âge qui s'enfonce de plus en plus dans les ténèbres du naturalisme, est menacé de perdre la notion de l'enseignement

(1) *Matth.* XXVII, 54.

chrétien. Il fallait la faire resplendir au milieu de nos luttes et de nos ombres, et la montrer non seulement à Rouen, à Paris, et à Reims, mais à la France entière et à toute l'Eglise, pour les réjouir l'une et l'autre de la gloire d'un de leurs fils les plus méritants, et surtout pour dessiller des yeux qui étaient obscurcis.

L'opportunité de la Béatification du vénérable de la Salle, comme celle des autres serviteurs de Dieu, qui ont récemment partagé ses honneurs, a été universellement sentie et proclamée. Mais elle n'a été affirmée nulle part avec plus d'autorité qu'à Rome, au milieu des fêtes qui ont marqué ce grand jour. Les Frères des Ecoles chrétiennes ont particulièrement insisté sur un fait si important et si honorable pour leur communauté, lorsqu'ils ont remercié le Souverain Pontife (1) : « La jeunesse, ont-ils dit, spécialement celle du peuple, est devenue partout le point de mire des complots des méchants ; mais Très Saint-Père, elle eut toujours en vous, depuis le commencement de votre glorieux Pontificat, un protecteur vigilant, et votre Sainteté n'a cessé de pourvoir efficacement à ce que l'esprit et le cœur des enfants et des jeunes gens fussent élevés et conservés dans les principes de la vertu et de la vérité. Et maintenant que les maîtres chrétiens sont persécutés et bannis de l'enseignement officiel, vous leur offrez, Très Saint-Père, comme un modèle à suivre, un homme qui, mettant sa première gloire à se dire le fils très soumis du vicaire de Jésus-Christ, se consacra tout entier à l'œuvre des écoles chrétiennes, et subit, aussi bien pour cette œuvre elle-même, que pour sa fidélité au Pontife Romain, de longues et très pénibles persécutions. »

En répondant à ce discours, le Saint-Père reprend la même pensée qu'il burine pour ainsi dire et qu'il fixe, dans l'histoire de notre époque, en des traits inoubliables : (2) « Ce n'est pas, croyons-nous, sans un certain

(1) *Bulletin de l'œuvre du vénérable de la Salle*, nº 49, *janvier* 1888.
(2) *Ibidem*.

conseil de la Providence, que tant de fondateurs et de disciples des ordres religieux atteignent ensemble en ce moment un si haut faîte de gloire. Car notre âge, trop souvent mal prévoyant de ses vrais intérêts, peut reconnaître par là où tendent les sociétés de ces religieux, que, sur divers points, nous voyons ou bien méprisés par une opinion légère, ou bien cruellement en butte à une haine violatrice de leurs droits. »

Oui, mes chers Frères, il fallait montrer à notre époque le beau modèle de l'instituteur chrétien. Jamais besoin fut-il plus pressant? Jamais nécessité plus impérieuse? Nous vivons dans un temps où l'instruction primaire est en honneur, depuis les écoles des grandes cités jusqu'à celles du dernier de nos hameaux. Et que n'a-t-on pas fait pour répondre à cette universelle tendance? On a créé une organisation puissante qui enlace de ses réseaux la France entière. On a bâti des palais scolaires, qui rivalisent parfois avec la magnificence des anciens châteaux. On a multiplié maîtres et écoles, on a amélioré méthodes pédagogiques et services universitaires. On a formulé nouveaux programmes et nouvelles données d'enseignement. On a voulu élever les enfants de cet âge à un degré de science que n'avaient pas connu leurs pères. Mais, qui le premier a répandu l'instruction gratuite dans les classes laborieuses? Le Bienheureux de la Salle. Qui, le premier, a créé la méthode si féconde de l'enseignement mutuel et simultané? Le Bienheureux de la Salle. Qui, le premier, a su diviser les heures, classer les enfants, et leur donner à chacun précisément le degré d'instruction que pouvait porter son intelligence? Le Bienheureux de la Salle. Cependant, a-t-on suivi toute sa méthode? Nullement. L'a-t-on conservée dans ses points les plus essentiels? Nullement. L'éducation de l'enfant a-t-elle gardé la première de ses lois, la condition nécessaire pour la rendre morale et bienfaisante, en un mot, l'instruction chrétienne de l'école? Nullement. A-t-on seulement laissé au maître, le temps matériel de s'occuper de ce qui est le commencement de la science pédagogique, l'instruction chrétienne de l'école? Nullement. Le dirai-je? une disposition législative va jusqu'a l'exclure de l'école. L'instituteur enseigne, ou peut enseigner toute science, excepté la première de toutes les sciences, la science de la religion chrétienne. Au moins, a-t-on conservé l'instituteur chrétien, parlant en chrétien, enseignant en chrétien, et donnant aux enfants qu'il instruit les exemples d'un chrétien? Non. On a supprimé ce qui fait la force et la puissance de l'enseignement chrétien, le catéchisme, l'histoire sainte, la prière du matin et du soir. Et chose dont rougira l'histoire, on a enlevé des écoles officielles l'image même de Jésus-Christ.

Hélas! ce n'était que le commencement de nos douleurs. Les congrégations religieuses qui gardaient l'honneur de l'enseignement chrétien ont vu se soulever contre elles « ces haines violatrices de leurs droits », comme les appelle notre grand Pontife. Les passions de ce siècle les traduisant à leur barre, les ont insultées et proscrites, à cause de ce qui est leur raison d'être, et de ce qui fait leur gloire, à cause de l'enseignement chrétien. D'aucuns disent: l'instruction chrétienne nuit aux autres branches de l'enseignement. Non; elle les fait prospérer. Les examens publics et les concours l'attestent. Regardez les premières écoles de France, l'école normale supérieure, l'école polytechnique. Les Congrégations religieuses leur envoient chaque année un tribut qu'elles peuvent montrer avec orgueil. La question n'est pas là. On a voulu supprimer des maisons dont le seul crime était d'arborer le drapeau de la foi chrétienne, et de l'entourer de la confiance des familles comme de l'affection des élèves. On les a mises hors la loi, et l'on a décrété l'enseignement laïque.

Alors, la succession lamentable des épreuves qu'avait endurées le Bienheureux, s'est abattue sur ses enfants: les assignations, les procès, les saisies, les expulsions, le déploiement de la force publique. La persécution n'a pas été locale, comme celle des maîtres-écrivains, elle s'est précipitée, comme une armée envahissante, à travers les villes, les bourgs, les villages, partout où se trouvait une de nos citadelles, une école congréganiste.

L'habit vénéré des Frères n'a pas plus trouvé grâce devant les assauts de l'impiété triomphante, que devant les balles des Allemands. O Frère Néthelme, vous tombâtes, blessé à mort, sous les murs de Paris, sans pouvoir rapporter jusque dans la capitale le pauvre mobile que vous aviez relevé sur le champ de bataille. Combien d'autres courageux Néthelmes, mes chers Frères, sont tombés devant les coups de la laïcisation, sans pouvoir efficacement défendre les maisons qu'assiégeait l'impiété? Et vous, Frère Rédempteur, vous vous employiez, nouveau Tobie, à creuser, à Saint-Pierre-la-Cluse, les fosses de nos pauvres soldats, lorsque, vous étant appuyé sur le brancard de la mort, vous avez été criblé, comme par l'ennemi, des projectiles de la peste (1). Ah! que d'autres Frères Rédempteurs, chassés par la contagion mortelle qui a envahi notre âge, n'ont pu prodiguer, jusqu'au bout, leurs forces et leur dévouement à ces malheureux enfants qu'ils avaient trouvés dans le vice, autant que dans l'ignorance, et dont ils voulaient transfigurer les âmes. A Besançon, à Clamecy, à Vendôme, en vingt autres villes, la Religion et la Patrie ont pleuré ensemble les héros qui ont succombé dans le service des ambulances et que l'Institut des Frères des écoles chrétiennes leur avait envoyés. Mais, ô France bien aimée, ô religion sainte, que de larmes nous réserve l'invasion des laïcisateurs? Que deviendront ces enfants sans foi, sans autel, sans Dieu que nous élève notre âge? Quelles idées, quels sentiments, quels principes apporteront-ils au plein mouvement de la vie? (2)

(1) *Panégyrique du vénérable de la Salle, par M. l'abbé Besson*, 1875.

(2) *Lettre pastorale de Monseigneur l'Evêque de Djion*, 1888, n° 9, p. pag, 2, 3. et suivantes.

Que nous prépare une jeunesse qui ne croit plus à rien et qui ne rêve que licence et jouissance? Sera-ce la joie ou la tristesse? la vertu ou le vice? L'honneur ou la honte? le progrès ou la décadence? la victoire ou la défaite? Le relèvement ou la ruine?

Quand on cherche la cause profonde de toutes ces persécutions, la foi jette sur ces abîmes des clartés étranges. Demandez aux passions contemporaines le motif de leur acharnement contre l'école chrétienne, et contre un enseignement dont les résultats sont si manifestement excellents. Les passions de ce temps n'essayeront pas de nier le bien, mais se retournant contre nous, elles se feront une arme du bien même que produit l'école chrétienne. « Nous ne pouvons pas lutter avec vous sur ce terrain, nous diront-elles. Vous avez dans votre enseignement des ressources dont nous ne possédons pas le secret. L'égalité n'existe pas entre nous. Pour compenser notre infériorité manifeste, il faut vous refuser la liberté et les faveurs officielles. Et encore vos écoles enchaînées et dépouillées, nous ne sommes pas sûres qu'elles ne seront pas plus puissantes et plus prospères que les nôtres. » Ces paroles, quoique cruelles, ne sont elles pas vraies? O vaillants persécutés de toutes les congrégations enseignantes, n'êtes-vous pas les enfants d'un Dieu crucifié? Et comme on lui cloua les pieds et les mains pour l'empêcher de sauver le monde (1), il ne faut-pas qu'on vous attache à la croix pour vous empêcher de continuer son œuvre?

Le Bienheureux ne se découragea point dans ses tribulations, parce qu'il les savait prédites, et parce qu'il en voyait la figure dans celles de Jésus-Christ. Et comme la passion du Sauveur avait été le signe de sa victoire, il vit dans sa propre passion le gage de son triomphe. « Si Dieu, disait-il, m'eût découvert tant de peines et de croix, je n'aurais osé toucher une telle œuvre du bout

(1) *Cf. Lacordaire*, 28e *conf.* 1844.

des doigts. Cependant les puissances du siècle armées contre elle n'ont pu la détruire. L'édifice s'est soutenu, quoique si souvent sur le penchant de sa ruine. C'est ce qui me fait espérer qu'il subsistera, et que, triomphant enfin des persécutions, il rendra à l'Eglise les services qu'elle a droit d'en attendre. »

Ce triomphe de son œuvre au milieu des tribulations, le Bienheureux l'a vu dans son temps et il le contemple, surtout aujourd'hui, dans le nôtre. Alors, les fondations entravées à Paris s'établirent dans la plupart de nos vieilles provinces : au nord, la Normandie, l'Artois, la Flandre ; à l'est et à l'ouest, la Bourgogne, le Dauphiné, l'Anjou, la Vendée ; au centre et au midi, des contrées nombreuses où les villes les plus florissantes, comme Lyon, Montpellier, Marseille furent les premières conquêtes de l'Institut. De même autrefois, saint Paul chassé par la persécution, allait des Philippiens aux Thessaloniciens (1) : « Nous avons été, écrit-il à ceux-ci, tourmentés et traités indignement à Philippes : c'est ce qui nous a donné l'assurance de vous annoncer l'évangile. » Et le Sauveur n'avait-il pas dit ? « Quand on vous persécutera dans une ville, fuyez dans une autre. (2) »

Aujourd'hui, les Frères des écoles chrétiennes, persécutés en France, se sont établis, en pacifiques vainqueurs, dans des régions où n'ont point été plantés nos drapeaux. Ou bien, ils sont restés possesseurs paisibles, dans des pays qui n'ont pas souffert longtemps nos aigles. O France, quelle gloire ils te procurent et comme ils te font respecter au delà de tes frontières ! Regarde autour de toi, compte les stations de ces humbles mais vaillants instituteurs qui sont tes enfants. L'Angleterre et l'Irlande, la Belgique et la Suisse, l'Allemagne et l'Autriche, l'Italie et l'Espagne te rendent hommage et te payent tribut, en ouvrant leurs portes aux Frères

(1) *I Thes.*, II, 2.
(2) *Matth.* X, 23.

des écoles chrétiennes, ou en copiant leurs méthodes.

Mais, que vois-je? leurs établissements prospérent au loin, en Egypte, à Madagascar, dans les régions brûlantes de l'Afrique. Les Frères ont envahi les Indes Orientales, la Chine, les îles Océaniennes. L'Amérique est devenue pour eux, comme une seconde patrie. Les petits noviciats y sortent de terre avec une rapidité qui tient du prodige; les écoles y sont innombrables. Ces modestes pionniers de la civilisation sont allés, avec les apôtres de la foi dans des contrées jusqu'alors inconnues. Et là où ils ne sont pas encore, on les réclame à grands cris. « Ah ! si nous avions ici les Frères des écoles chrétiennes! » écrivent les missionnaires.

Mais pourquoi tant parler des peuples étrangers ? Est-ce que les Frères n'ont point rencontré, de nos jours, dans la patrie de leur Bienheureux fondateur, des cœurs généreux et des dévouements admirables qui les dédommagent amplement de leurs tribulations ? Quels trésors de charité, dans notre noble France, a suscités la persécution! Quelle multitude d'écoles libres ! Quels pensionnats magnifiques ! Les fils du Bienheureux Jean-Baptiste de la Salle ont trouvé dans cette généreuse cité, je le dis à sa gloire, d'ardentes sympathies et une protection qui n'a reculé devant aucun sacrifice. Ailleurs, on a vu des empereurs et des rois leur apporter leurs dons et leur admiration. Mais, mes Frères, nulle reconnaissance, nulle offrande ne leur est plus chère que celles qui sortent des cœurs français. Car, en même temps qu'ils servent la grande cause de l'Eglise, ils entendent servir la cause sacrée de la Patrie, et consacrer à la fois, leur intelligence, leur dévouement et leur vie à Dieu et à la France.

Dans son discours après la Cène, Notre-Seigneur annonce à ses apôtres le prochain triomphe de ses ennemis, qui vont s'emparer de sa personne et le clouer sur la croix; puis, il prédit la gloire qui rejaillira de son apparente défaite, et il conclut en ces termes (1) : « Je vous ai dit ces choses, afin que vous trouviez la paix en moi. Vous aurez bien à souffrir dans le monde; mais ayez confiance, j'ai vaincu le monde. »

Les disciples virent de leurs yeux la défaite et la victoire. Les Juifs, ayant mis la victime au tombeau, scellèrent la pierre de son sépulcre Mais le troisième jour, la pierre du sépulcre se souleva d'elle-même, et le crucifié sortit victorieux de son tombeau.

Or, il leur avait annoncé pour eux-mêmes les mêmes défaites et les mêmes triomphes. « Vous aurez bien à souffrir dans le monde; mais ayez confiance, j'ai vaincu le monde. » Les siècles, à leur tour, ont perpétuellement vérifié cette double prophétie d'éternelle persécution et d'éternelle victoire. Les portes de l'enfer n'ont point prévalu contre l'Eglise; toutes les puissances du monde se sont brisées contre la pierre sur laquelle elle est bâtie; toutes les tempêtes se sont éteintes à ses pieds. L'humanité s'est émue devant un spectacle si grandiose, et, voyant que l'Eglise ne triomphe qu'au prix de ses larmes et de ses douleurs, elle lui a offert une admiration respectueuse et compatissante. L'Eglise, qui n'achète ses victoires que par ses défaites, ne s'est point prévalue de ses succès. Et dans les fêtes où elle les célèbre avec le plus de magnificence, elle a soin de toujours parer de la croix son front victorieux.

De même, le triomphe des saints et de leurs œuvres n'est pas une vaine et fastueuse représentation. Quand nous en parlons, nous ne pouvons taire les souffrances qu'il a coûtées. Il est né, il est sorti de la persécution même. La passion de Jésus-Christ continue sur la terre. C'est son sang fumant, comme dit notre Bossuet, que les saints répandent sur tous les calvaires; ce sont ses plaies toutes fraîches qu'ils montrent à toutes les générations. Et cette passion universelle dans le monde et non inter-

(1) *Joan.* XVI ; 33.

rompue dans les siècles, cette passion de Jésus-Christ souffrant partout et toujours dans les saints, lui attire les adorations de tous les peuples et lui apporte un hommage éternel.

Quelles que soient nos épreuves et nos peines, ne nous décourageons jamais, mes chers Frères. Imitons les saints qui nous ont précédés dans la même carrière, et demandons leur assistance. Rappelons-nous et répétons les magnifiques accents de Léon XIII, qui s'écriait récemment dans les fêtes de la Beatification des nouveaux saints (1) : « Nous élevons avec confiance nos yeux au ciel vers ces illustres ornements et ces astres de l'Eglise ; et, en raison de la grande faveur dont ils jouissent auprès de Dieu, nous recommandons humblement à leur protection le nom catholique, spécialement le Pontificat romain, et Nous-mêmes qui sommes depuis si longtemps au milieu d'un si rude combat. »

Prions, mes très chers Frères, prions tout particulièrement le Bienheureux de La Salle, de nous obtenir la patience dont nous avons besoin pour supporter chrétiennement les tribulations passagères de cette vie, afin de partager avec lui l'éternelle récompense que ces épreuves nous auront méritées. Ainsi soit-il.

(1) *Bulletin déjà cité*, p. 5.

TROISIÈME PANÉGYRIQUE

LES VERTUS DU BIENHEUREUX

Posuisti in capite ejus coronam de lapide pretioso.
Vous avez mis sur sa tête une couronne de pierres précieuses. Ps. xx. 4.

MONSEIGNEUR,

Le monde a, comme l'Eglise, ses hommes illustres et ses grandes renommées. Mais il n'est pas inutile de remarquer la différence des procédés de l'Eglise et du monde, à l'égard de ceux qu'ils élèvent, l'un et l'autre, sur le pavois de la gloire. A ceux qu'il flatte et qu'il encense, le monde décerne, pendant leur vie, des honneurs hâtifs et bruyants; et il s'empresse de les oublier, quand ils ne sont plus. Il mène grandement leurs funérailles; il couvre leurs tombes de couronnes et d'éloges; puis, il passe. Encore qu'il leur élève parfois des statues, c'est le plus souvent pour le besoin d'une cause, à laquelle leur nom sert de réclame. Si l'on excepte quelques guerriers fameux, et quelques génies hors de pair dans les lettres et les arts, c'en est fait, la mémoire de ces grands hommes périt avec le bruit qu'ont soulevé leurs pas. *Periit memoria eorum cum sonitu* (1).

L'Eglise agit autrement. Elle sait que le temps balaye les poussières orgueilleuses qui ne se doutent pas que, pour être quelque chose dans l'avenir, il faut être quelque chose dans le présent, et bâtir, non sur le sable, non sur la boue, mais sur le roc indestructible de la vérité et de la foi. Elle attend que la mort lui permette de prononcer un jugement plus sûr. Tant que les saints vivent, ils peuvent démentir leurs premières vertus. Elle veut que la sainteté de ses enfants s'impose d'autant plus à l'attention de la postérité que les ombres s'épaississent davantage sur le temps où ils ont vécu. Elle exige que leurs vertus soient contresignées par des signes éclatants, où l'on voie manifestement que Dieu les a, le premier, couronnés dans les cieux.

C'est ainsi qu'elle a laissé passer plus d'un siècle et demi sur la mémoire du vénérable Jean-Baptiste de la Salle, avant de se prononcer sur ses vertus et de leur décerner la brillante couronne que Louise de Parménie leur avait promise. Le Bienheureux, s'étant retiré, pour un temps, sur les hautes montagnes du Dauphiné, s'y livrait tout entier à la contemplation. Les grandes scènes alpestres qui se déroulaient à ses regards, le jetaient dans des ravissements inexprimables. Non loin de lui s'élevait le sombre rocher de Grandson, sur lequel est bâti la grande Chartreuse. Le souvenir de saint Bruno lui revint à l'esprit et plongea son âme dans une anxiété douloureuse. « J'ai quitté comme lui, se disait-il, ma stalle de chanoine, et, comme lui, j'ai renoncé à tous les honneurs de la terre. Mais je ne me suis point enseveli, comme lui, dans le silence de la solitude. Le temps n'est-il pas venu d'imiter jusqu'au bout mon saint prédécesseur ? »

« Non, lui répondit Louise de Parménie, une humble

(1) Ps. IX, 7.

bergère que les évêques de Grenoble comme les archevêques de Vienne se plaisaient à consulter ; non, ce n'est point la volonté de Dieu. Vous ne devez pas abandonner la famille dont il vous a fait le père. Le travail est votre partage; il faut y persévérer jusqu'à la fin de vos jours. Vous aurez encore beaucoup à souffrir, mais vous recevrez en retour une brillante couronne. »

Cette brillante couronne qu'avait annoncée Louise de Parménie, de quoi est-elle tressée, mes Frères, sinon des vertus de notre Bienheureux ? Examinons-les dans cette imposante et magnifique clôture de nos fêtes ; examinons-les d'abord, une à une, en elles-mêmes, et considérons-les ensuite dans la beauté, dans la splendeur où l'Eglise nous les présente toutes ensemble. Mais nos louanges, ô mon Dieu, remonteront jusqu'à votre trône, car c'est vous qui avez mis, sur la tête du Bienheureux Jean-Baptiste de la Salle, une couronne de pierres précieuses. *Posuisti in capite ejus coronam de lapide pretioso.*

I

Parmi les pierres précieuses qui resplendissent dans sa couronne, entre les vertus qui en font l'ornement, il faut nommer tout d'abord celles que *les Lettres Apostoliques* exaltent le plus, et qui forment comme le trait distinctif de sa personne. Je cite toujours avec joie les paroles que le Souverain Pontife a consacrées à la gloire du Bienheureux (1) : quel éloge plus autorisé pourrait descendre de cette chaire ? « La vertu dans laquelle Jean-Baptiste excella surtout, qui fut sa gloire singulière, et qui, parmi toutes les autres, jeta dans sa personne un merveilleux éclat, ce fut cette parfaite égalité

(1) p. 9.

d'âme qui s'unissait en lui à une constance et à une fermeté presque incroyables. De là vient que, dans l'accomplissement du ministère que Dieu lui avait assigné, il supporta avec calme et patience toutes les adversités, et ne se laissa jamais détourner par les grandes difficultés qu'il rencontra fréquemment. » Cette parfaite égalité d'âme, vous l'avez admirée, mes chers Frères, dans la douloureuse succession de ses épreuves. Vous avez vu qu'elle ne comprima jamais les autres énergies de son caractère. Sans qu'il se défendit, sans qu'il protestât, il sortit de ses tribulations mêmes une force triomphante, semblable au parfum qu'on a renfermé, et qui, condensé par l'obstacle, s'échappe par les pores plus suave et plus violent; semblable encore à une source qu'on a scellée, et dont les eaux jaillissent jusqu'au ciel (1).

Au point de vue de l'excellence des choses, le plus beau diamant, qui brille dans la couronne du Bienheureux, est celui de la charité. Je parle de cette charité qui est le don total de soi et qui enfante tous les sacrifices, et de celle qui a l'expansion et la délicatesse du cœur d'une mère. Car Jean-Baptiste de La Salle aima les malheureux et les pauvres avec un cœur maternel. Il multiplia pour eux les inventions de la charité, et celles que d'autres ont développées depuis, dans des proportions magnifiques, il en a eu l'intuition, il les a commencées, et il peut en être considéré, sinon comme le créateur, au moins, comme le précurseur. A côté des écoles chrétiennes et des noviciats de Reims, de Paris et de Rouen, que de maisons, que d'établissements il fit sortir de terre? Il ne s'agit point de ce merveilleux épanouissement de l'enseignement primaire, dont il sema par toute la France les fleurs parfumées et brillantes, et qui nous donnent une si haute idée de sa charité ; non, il n'est pas question, en ce moment, des écoles chrétiennes, mais de ces autres fondations, où se mon-

(1) Lacordaire, 28e conférence.

trent de plus en plus les inépuisables ressources de son cœur et les incroyables inventions de sa charité.

Mais comment en parler dignement? comment les peindre? Je les nommerai seulement, parce qu'elles suffiraient seules à remplir mon discours. Ce sont d'abord, ce qu'il appelait « les séminaires des maîtres d'écoles de la campagne », où l'on trouve la première pensée et comme le prélude de nos écoles normales primaires; puis, les pensionnats, que ses fils ont portés depuis à une perfection si haute, et où ils ne craignent, dans la sphère d'études qui leur sont propres, ni concurrents ni rivaux, parce que nulle école similaire ne représente autant de compétence dans les maîtres, et surtout autant de succès dans l'enseignement; ensuite, les écoles dominicales de Saint-Sulpice, où l'on réunissait les jeunes ouvriers de Paris, et où l'on peut voir comme une esquisse de ce que l'on a nommé depuis les cercles catholiques. Ajoutons les écoles primaires supérieures de Saint-Yon, où les enfants du peuple trouvaient le couronnement de leurs études, et que l'on a ressuscitées de nos jours, en leur donnant la même dénomination; enfin ce qui suffirait seul à immortaliser sa mémoire, ces admirables établissements pénitentiaires institués pour la moralisation et l'amendement des jeunes détenus, qu'il divisa en plusieurs classes, suivant la différence des caractères, et auxquels il donna une méthodique et paternelle direction. Conception magnifique que le vénérable Père Rey a reprise, de nos jours, et qu'il a merveilleusement développée, à Cîteaux et ailleurs, pour la gloire de notre époque, de notre pays et de la sainte Eglise! Puis-je oublier, dans cette trop rapide nomenclature, le collège des jeunes nobles Irlandais dont Louis XIV conçut l'idée et qu'il confia à M. de La Salle, comme au premier des maîtres de son royaume? A ces pauvres exilés; il fit oublier leur malheur par l'élévation de ses pensées et la délicatesse de ses manières. Et un roi, descendu des marches du trône, vint lui prodiguer un jour ses félicitations et ses encouragements.

Le Bienheureux de La Salle fut un génie, direz-vous. Oui, vous avez raison, mes chers Frères, il eut le génie de la charité. Mais Dieu ne lui donna pas seulement ces yeux éclairés du cœur, dont parle saint Paul, *illuminatos oculos cordis* (1), il lui inspira toute la tendresse du cœur d'une mère. Quand il allait, à travers les provinces visiter les maisons de son Institut, il se plaisait à descendre dans les prisons des villes où il passait, pour consoler et exhorter les malheureux captifs. Un jour, l'un d'eux, traînant sa chaîne, vint à sa rencontre, aussi loin que lui permirent ses fers, et le pria de le réconcilier avec Dieu. Le Bienheureux le pardonna et le prit affectueusement dans ses bras. Il vit ses haillons couverts de cette pourriture que ne saurait nommer la chaire chrétienne : il fut ému de compassion. Il quitta à l'instant ses propres habits, l'obligea de s'en vêtir et prit lui-même les lambeaux du prisonnier. C'est le cœur d'un saint, «fort comme le diamant, plus tendre qu'une mère », comme l'a dit l'éloquent Lacordaire, qui a dicté une telle abnégation. Aux captifs, aux exilés, aux jeunes détenus, aux enfants pauvres des villes et des campagnes de notre France entière, c'est le cœur d'un saint qui a dit : « Chers petits frères du bon Dieu, je viens à vous, au nom de Jésus-Christ, mon Sauveur et le vôtre, pour vous instruire, pour vous bénir et pour vous aimer. Je veux faire pour vous ce que ferait votre propre mère, me donner tout à vous, m'oublier moi-même, me dévouer et vous servir avec d'autant plus de tendresse que vous êtes plus abandonnés. »

Voilà ce qui, dans cette vie si féconde et si bienfaisante, parut au dehors, et ce qui ravit les yeux du monde. Pénétrons dans la vie intime, allons jusqu'au sanctuaire de l'âme, et demandons-lui les secrets de la perfection religieuse. Le monde admire la force du caractère et

(1) Eph. I. 18.

les créations de la charité. Mais Dieu et ses anges contemplent, dans le cœur des saints, un spectacle plus grand encore, la victoire qu'ils remportent sur eux-mêmes, et qui exige le déploiement d'une nouvelle force et d'un nouvel amour.

A l'intelligence de la charité, le Bienheureux joignit celle du gouvernement. Pour ne point exposer son œuvre naissante à une transition trop brusque, il voulut accoutumer ses frères à se passer de lui. Cette pensée lui traça une ligne de conduite, dont il ne se départit point, et elle lui fut inspirée par une profonde humilité (1). Loin de se croire nécessaire, il s'appliqua toujours à s'effacer, à disparaître, à se dépouiller entièrement du prestige de l'autorité, n'en gardant pas une parcelle, et la donnant tout entière à quelqu'autre de ses Frères.

Une fois, à Reims, presque au début, il les réunit, leur montra l'Institut fondé, la règle en vigueur, le noviciat rempli les écoles florissantes. Il ajouta qu'il était désormais inutile, et les pressa de le décharger du fardeau du gouvernement. Il désigna son successeur et lui remit sa charge. Le brillant chanoine de la collégiale, le savant docteur, le fils des anciens preux, devint immédiatement le plus obéissant des Frères, le plus régulier des novices, le plus humble de ces pauvres enfants du peuple. Il faisait la coulpe, comme le dernier de tous, se mettait à genoux, à la moindre omission, confessait sa faute et demandait la pénitence réglementaire. On dit que les messagers du pape Grégoire X, qui portaient à saint Bonaventure le chapeau de cardinal, le trouvèrent occupé à laver la vaisselle du monastère, dans le couvent où il s'était retiré pour se soustraire aux honneurs. Le Bienheureux se plaisait à des occupations aussi humbles, ne trouvant nul ouvrage au-dessous de lui, donnant l'exemple à tous, mais surtout savourant pour lui-même les délices de l'humilité, ainsi que le conseille le pieux au-

(1) *Lettres Apostoliques*. p. 13.

teur de l'Imitation : « Aimez à être ignoré et compté pour rien. »

A Paris, quand les divers établissements furent prospères, il voulut se démettre, comme il avait fait à Reims. Cette fois, l'onction de sa parole ne put gagner ses frères. Il fit un nouveau discours, plus entraînant, plus pathétique que le premier. Les religieux, par un sentiment de réserve, ne répondirent point. L'assemblée se mit en prières, suivant les règles accoutumées, et l'élection s'accomplit. Mais, ô surprise! M. de La Salle fut élu à l'unanimité des voix, moins la sienne. Emu, déconcerté, il supplia les électeurs de revenir au scrutin. Ils y consentirent. Mais l'humilité, qui avait obtenu cette seconde épreuve, n'y recueillit qu'une nouvelle défaite, ou si vous le voulez, qu'un nouveau triomphe. Le même nom vénéré sortit encore avec la même unanimité.

Nous voyons, à Rouen, l'humilité du Saint recommencer la lutte où il avait été vaincu. Il cherche les mêmes abaissements; mais, instruit par l'expérience, il en fait la conquête avec toute la souplesse, avec toutes les ressources que d'autres mettent en œuvre pour s'élever aux honneurs du monde. « Il s'y prit, lisons-nous dans *le Bref de Béatification* (1), avec tant d'habilité, qu'il arriva au but de ses désirs, et que celui qui avait été le fondateur et le supérieur de la Congrégation, eut réellement à obéir, (et cette fois d'une manière définitive), aux ordres de ses disciples. » Ah! rougis, fol orgueil des hommes; ô présomptueuse vanité, confonds-toi; ô vous qui cherchez à paraître, qui voulez les premières places, venez contempler Jean-Baptiste de La Salle dans ses abaissements volontaires; venez admirer celui qu'une humilité comparable à celle des plus grands saints ramène toujours au dernier rang.

Continuons, mes chers Frères, d'examiner, une à une, les vertus de notre Bienheureux, et de considérer les rubis,

(1) p. 14.

les topazes, et les émeraudes qui forment sa couronne.

En donnant tous ses biens aux pauvres, il s'était volontairement réduit aux dernières limites du dénûment. Il prit pour règle d'être meublé, vêtu, logé, nourri comme le plus pauvre d'entre les prêtres. Il savait que Jésus-Christ avait particulièrement béni la pauvreté et que les fondateurs d'ordres s'étaient fait une loi de la choisir, entre toutes les autres vertus, comme une gage assuré de succès. Le monde, je le sais, a une autre sagesse ; mais celle que nous enseigne Jésus-Christ, naissant pauvre et mourant dépouillé de tout, renverse les maximes de la sagesse du monde. « La piété, dit l'apôtre (1), est utile à tout, et c'est à elle que les biens de la vie présente et ceux de la vie future ont été promis. » De même, la sainte pauvreté des ordres religieux n'est pas seulement une marque certaine de prédestination, elle leur attire encore les offrandes et les dons des peuples et des rois.

Le Bienheureux voulut la pratiquer dans toute sa rigueur. Il avait pour tout meuble un crucifix et un chapelet ; pour toute bibliothèque *un Nouveau Testament* et *une Imitation de Jésus-Christ*. A ceux qui lui reprochaient cette excessive indigence, il répondait gaîment : « Que dites-vous? N'est-ce pas être bien riche que de possèder l'évangile et d'y puiser, quand on le veut, les trésors de la vie éternelle ? N'était-ce pas toute la richesse des anciens solitaires? Et, n'est-ce pas de là qu'ils ont tiré les vertus qui les ont tant enrichis ? » Un jour, deux voleurs, l'ayant rencontré sur une grande route, le dévalisèrent, autant qu'ils purent. Mais, après avoir examiné ses vêtements, ils prirent le parti de les lui rendre, parce qu'ils eurent honte de leur butin.

Au centre de l'opulence parisienne, la vie qu'on menait à la maison des Frères, à Vaugirard, était plus angélique qu'humaine. La grotte de Jésus naissant ne représente rien de plus pauvre. Aussi, M. de La Salle,

(1) *I Tim.*, IV 8.

avec sa bonne humeur ordinaire. appelait-il cet établissement : « Ma chère Bethléem. » Ailleurs, quand il avait des maisons plus spacieuses, il choisissait pour lui la cellule la plus étroite ou la plus incommode. Les privations des communautés naissantes sont parfois inexprimables. Le Bienheureux avait cinquante personnes à nourrir dans un hiver où les vivres manquèrent à Paris. Il arriva plus d'une fois qu'on dut se contenter, au réfectoire, pour toute réfection, de réciter le *Benedicite*. Dieu soumit ses enfants à ces rudes épreuves : les ayant choisis comme les instituteurs des pauvres, il voulut leur faire endurer, comme à eux, les tortures de la faim. De temps à autre pourtant, il descendit d'en haut des secours inespérés, délicates attentions de la Providence, que la pauvre communauté saluait avec l'effusion de la plus vive gratitude (1). Mais ce que le saint aimait et recommandait, c'était la pauvreté réelle : « Vous êtes pauvre, écrivait-il, à l'un de ses Frères, qui lui avait exposé le dénûment de sa maison, vous êtes pauvre, mon Frère; Jésus-Christ l'a été, quoiqu'il pût être riche. Vous devez imiter ce divin modèle. Vous êtes pauvre, dites-vous; oh! que cette parole me plaît? car, elle prouve que vous êtes heureux. Vous n'avez jamais été si pauvre : tant mieux! vous n'avez jamais eu tant de moyens de pratiquer la vertu. » C'est ainsi, mes chers Frères, que parlent les saints; c'est ainsi que l'Evangile a parlé : *Beati pauperes*! Bienheureux les pauvres! *Ipsorum est regnum cœlorum* (2). Le royaume des cieux est à eux.

Une vertu que le monde comprend moins encore que la pauvreté, et dont se détourne surtout l'homme sensuel, c'est la pénitence. Or, rien de plus nécessaire que la pénitence. « Si vous ne faites pénitence, a dit notre doux

(1) Une fois entre autres, les provisions épuisées, il n'y avait plus ni argent ni crédit. Le Bienheureux se mit en prière. Il n'avait point terminé, qu'une personne de bien apporta dix écus. C'était, pour cette époque, et dans la misère où l'on était, une assez belle offrande. Cf. *A. Ravelet*, ouvr. cité, p. 393

(2) *Matth.*, V. 3.

Sauveur (1), vous périrez tous. » Donc, sans la pénitence, pas de salut. Remarquez-le, mes Frères : il ne s'agit point de pratiquer aujourd'hui quelques mortifications et de les abandonner demain, il faut une pénitence habi tuelle. Ecoutez saint Augustin (2) : « Ce que nous avons à faire en cette vie, notre travail et notre devoir de chaque jour, c'est de mortifier par l'esprit les œuvres de la chair, de les consterner, de les diminuer, de les réprimer, de les immoler. » Rappelez-vous le mot énergique de saint Paul (3) : « Je châtie mon corps et je le réduis en servitude, pour ne pas faire un réprouvé. *Castigo corpus meum et in servitutem redigo, ne reprobus efficiar.* »

Telle fut la devise du Bienheureux. Une fois sa mission connue, que dis-je? aussitôt qu'il eut entrevu l'excellence et la nécessité de la mortification, dès les premières années de sa jeunesse, il se soumit aux rigueurs de la pénitence. Plus tard, il vécut comme les anachorètes, et l'on cite de lui des traits, qui égalent les mortifications des ascètes les plus fameux. Les aiguillons d'un cilice bannirent de sa vie cette molle quiétude, où s'arrêtent trop souvent nos vertus communes. Les pointes acérées d'une ceinture de fer labourèrent ses reins, et tinrent ses sens captifs. Des disciplines sanglantes achevèrent de réduire cet ennemi que chacun porte en soi, dont la tyrannie nous accable, mais dont les saints savent briser l'orgueil par des coups vainqueurs. En lisant le récit détaillé de ces faits, dans les biographies du Bienheureux, que de fois mon âme s'est attendrie? Que de fois elle a admiré la pureté de ce cœur que gardait une telle austérité? Que de fois j'ai béni mon Dieu d'avoir réservé de tels exemples à notre siécle impénitent?

Un jour, le Bienheureux se baissa jusqu'à terre pour

(1) *Luc*, XIII, 3.
(2) *Hoc est opus nostrum in hac vita actiones carnis spiritu mortificare, quotidie affligere, minuere, frenare, interimere. Serm.* CLVI.
(3) *I Cor.*, IX, 26.

reprendre une nourriture qui répugnait à son goût, mais dont il voulait s'imposer l'usage, parce que c'est l'aliment des pauvres. Il donna à ses Frères la preuve d'une mortification dont le souvenir est impérissable dans l'Institut. O Frères des écoles chrétiennes, sachez que votre Père a pratiqué des mortifications comparables à celles que saint Bernard, ayant, en quelque sorte, anéanti ses sens, accomplissait presque à son insu, devant ses fervents cénobites. L'action dont je parle, n'est pas moins héroïque dans son genre, ni moins répugnante à la nature, que le trait de charité de sainte Elisabeth de Hongrie buvant ce qui avait lavé les plaies d'un lépreux. O pieux novices, qui vîtes votre Père vous donner l'exemple d'une telle force contre lui et d'un tel amour pour vous, vous avez, les premiers, proclamé la sainteté de votre fondateur. Avec quelle joie vous recueilliez le témoignage de vos contemporains ! C'est la Trappe, disait-on, c'est la Trappe, au milieu de Paris, et nous ne l'avions pas vue ! Ces hommes vivent comme les anachorètes du désert, et nous ne le savions pas ! Leur fondateur, M. de La Salle est un saint ! C'est un saint digne des plus beaux siècles de l'Eglise ?

Le sujet serait infini, mes Frères, s'il fallait peindre tous les actes de ses vertus, et quel discours y pourrait suffire ? Comment raconter les tortures de ce corps, auquel il infligea plusieurs fois le supplice de saint Laurent ; ces nuits passées dans l'église de saint Remi ; cette célébration séraphique de nos saints mystères ; cette union avec Jésus-Christ, que rien ne pouvait distraire ; cette confiance en Dieu, qui électrisait les siens ; cette foi devant laquelle s'abaissaient les obtacles ; ce zèle auquel rien ne semblait impossible ; enfin, toute cette vie que consumait la double flamme de l'amour de Dieu et de l'amour des âmes ?

II

Il est temps de considérer la couronne du Bienheureux dans l'éclat que lui a récemment donné la sainte Eglise, et de contempler ses vertus dans la radieuse lumière, où les ont élevées les actes solennels du Saint-Siège et les jugements de la Béatification. Elles nous apparaîtront comme des perles choisies, dont les rayons d'un jour nouveau multiplient les étincelles.

Etudions-les dans leur origine surnaturelle, dans la perfection sublime où le Bienheureux les a portées, et dans le récent triomphe qu'elles ont obtenu sous nos yeux.

D'ordinaire, les hommes du monde, même les chrétiens, se contentent trop facilement des vertus naturelles. Nous sommes d'honnêtes gens, disent-ils. nous ne faisons de mal à personne ; que faut-il de plus? Il faut cependant quelque chose de plus : garder son cœur pur et rendre à Dieu l'honneur qu'il demande. La vue claire du bien et du mal, la connaissance de nos devoirs religieux, personnels et sociaux, voilà ce qui commence les vertus naturelles; ce qui les forme, c'est la résolution énergique de vivre toujours en conséquence de cette lumière; et ce qui les achève, c'est la conformité entière et absolue de toute la conduite avec la loi de justice que Dieu a gravée dans le cœur de l'homme. Les vertus naturelles ont pour devise : Faites tout ce que vous dicte la raison.

Certes, je ne méprise pas les vertus qu'inspire une honnêteté purement naturelle. Je sais que Dieu a récompensé les vertus des Romains, et je connais le mot de saint Louis : « Maître Robert, m'est avis que ce mot d'honnête homme est si grande chose et si bonne, que même à le prononcer, il emplit la bouche. » Mais les ver tus naturelles ont de graves défauts : je n'en signalerai qu'un : c'est que, nées de la terre, elles ne sont faites que pour la terre. Leur sanction est sur la terre; elles ne servent à rien pour la vie future. Les vertus naturelles ! ah ! mes frères, elles nourrissent le péché et l'impénitence, et l'enfer en est rempli (1).

Que les vertus des saints sont différentes ! Combien supérieures ! Combien plus éminentes ! Fleurs privilégiées des parterres de l'Eglise, elles naissent dans une terre fécondée par le sang du Sauveur. Origène a dit une parole admirable et digne d'une éternelle mémoire : « Le Christ est mort sur le calvaire, mais son sang baigne le monde (2). » Les flots de la rédemption coulent par toute la terre, et les saints y puisent une vie toujours renaissante. Ils trouvent dans les sacrements de la nouvelle alliance des aptitudes, des attraits, des capacités en rapport avec leurs merveilleuses destinées. Ils y reçoivent, pour pratiquer les plus hautes vertus, des forces étonnantes, des énergies surnaturelles que la grâce renouvelle à toute heure. Des lumières divines descendent d'en haut pour éclairer leur front et guider leurs pas. Ils aspirent sans cesse à une perfection plus grande, et c'est en Dieu même qu'ils placent leur idéal, suivant cette parole de Jésus-Christ : « Soyez parfaits, comme votre Père céleste est parfait. (3) »

Les vertus naturelles restent emprisonnées dans les champs étroits de la raison et de la vie présente. Les vertus surnaturelles brisent les entraves des sens, pénètrent dans le mystérieux au-de-là de la vie future, et voient s'ouvrir à leurs regards des horizons sans fin. Elles préparent aux saints « cette couronne de gloire, dont parlait le prince des apôtres (4), et qui ne se flé-

(1) *Bossuet, Oraison funèbre d'Anne de Gonzague.* Louis Vivès, XII, 541.
(2) *Lettre past. de Mgr de Marguerye.* 1 nov. 1869.
(3) *Matth.*, v. 48.
(4) *Pet.*, v, 4.

trira jamais. » Elles leur assurent cette terre des vivants, cette vision de Dieu et ces consolations éternelles que Jésus-Christ leur a promises (1).

Tel est, mes chers Frères, le premier caractère des vertus de notre Bienheureux. Telle est leur beauté originelle. Elles furent déposées dans son cœur avec la grâce et la lumière de la rédemption. Elles y grandirent, aux chauds rayons du soleil de justice. Les sacrements leur portèrent une rosée vivifiante. Elles reproduisirent autant que le put faire Jean-Baptiste de La Salle, la divine perfection de Jésus-Christ. Elles furent enfin, dans leur origine première, comme dans leur développement progressif, superlativement des vertus surnaturelles. C'est dans ce sens que fut rendu le décret du 22 avril 1842, sur la renommée de sainteté qu'avait laissée le vénérable serviteur de Dieu.

Léon XIII a prêté à cette pensée l'éclat de sa belle parole, dans les fêtes de la Béatification qu'il a célébrées lui-même (2) : « C'est là vraiment la force de l'Eglise catholique, c'est la puissance qui lui est uniquement propre, d'enfanter tout d'abord, par le don de Dieu, les plus éclatantes vertus, de les nourrir avec un soin maternel et de les amener peu à peu à la perfection ; ensuite de les consacrer pour la religion et la mémoire de l'immortalité, et cela avec des honneurs si grands qu'on n'imagine même pas qu'il puisse y en avoir de plus grands sur la terre. »

Quelle est cette consécration religieuse que l'Eglise accorde aux vertus des saints? Et quels sont ces honneurs suprêmes qu'elle leur réserve ? Voilà ce qui nous reste à dire.

Parmi les saints que Dieu couronne dans le ciel, l'Eglise, vous ne l'ignorez point, mes chers Frères, fait un choix. Elle ne les place point tous sur ses autels, elle y

(1) *Matth.*, v, 4, 5, 8.
(2) *Bulletin.* p. 5.

met seulement ceux qui ont pratiqué les vertus surnaturelles dans un degré héroïque.

Il n'est pas ici question des actions héroïques, dont les anciens nous ont parfois donné l'exemple. Travaillant pour la terre, ils ont reçu, dans la gloire du monde, une récompense aussi vaine que leurs désirs. Ne me parlez ni de la mort résignée d'un Socrate, ni de la vie austère d'un Pythagore, ni de la fidélité d'un Régulus, ni de la continence d'un Scipion. Encore que ces grands hommes aient pratiqué, dans ces circonstances, de magnanimes vertus, ils se sont trouvés petits par d'autres côtés qui n'honorent point leur vie.

Ne cherchez pas non plus dans l'histoire de l'Eglise des actions exceptionnellement héroïques. Car, ce que demandent les juges éminents des Congrégations romaines, c'est une succession continue de vertus héroïques, une vie sublime, non par quelques-uns de ses sommets les plus élevés, mais portée tout entière aux cimes culminantes de la sainteté. Il n'est pas difficile d'être un héros, dans une circonstance donnée. Il suffit d'avoir un grand cœur J'admire le soldat inconnu qui tombe, en arborant le drapeau français sur la citadelle de l'ennemi. Je salue Belzunce, au milieu des pestiférés de Marseille; Fénelon lisant lui-même, du haut de sa chaire métropolitaine, le décret de sa condamnation; Mgr Affre allant porter des paroles de paix et teignant de son sang les barricades de Paris. Mais de ce glorieux soldat, de ces grands évêques, l'Eglise ne fait pas des saints, parce que ces actions héroïques qui leur rapportent tant d'honneur, s'élèventdans leur vie à des hauteurs auxquelles leurs autres vertus n'atteignent point.

Avec l'héroïcité des vertus, les Congrégations romaines en exigent donc la connexion. Les vertus des saints doivent s'enchaîner les unes aux autres, et former une trame si parfaite, qu'elle ne présente aucun défaut. Apportez votre couronne, répondent-elles, sans varier jamais, à ceux qui se présentent comme les Postulateurs des causes de Béatification : nous allons examiner les fleurs qui la composent, et s'il en est une, une seule, où nous trouvions le moindre grain de poussière, nous vous arrêterons, soyez-en sûrs, à la porte du sanctuaire, et vous ne la franchirez pas. Nous voulons, nous exigeons absolument une couronne immaculée, parce qu'aucune souillure n'entrera jamais dans la Jérusalem céleste (1) « On y apportera, s'écrie saint Jean, la gloire et l'honneur des nations. » (2)

Cet examen redoutable, les vertus du Bienheureux Jean-Baptiste de La Salle l'ont subi. Un jugement solennel a été porté. Le 15 juin 1869, le Révérendissime Cardinal Pitra, l'honneur de notre Bourgogne au Sacré-collège, posait la grande question, devant les congrégations Romaines : « Est-il avéré que le vénérable Jean-Baptiste de La Salle, ait pratiqué, dans un degré héroïque, les vertus théologales de foi, d'espérance et de charité, ainsi que les vertus cardinales de prudence, de justice, de force et de tempérance, avec les autres vertus qui s'y rattachent. » Après quatre ans de procédures, le doyen du Sacré-Collège et préfet de la congrégation des Rites sacrés, le Révérendissime cardinal Patrizzi a répondu: Oui, cela est avéré. Et pour montrer, suivant la formule accoutumée, toute la sûreté et toute l'amplitude de la réponse, il l'affirmait sur tous les points et dans tous les termes de la question : « Il est avéré que le vénérable serviteur de Dieu, Jean Baptiste de la Salle, a pratiqué, dans un degré héroïque, les vertus théologales de foi, d'espérance et de charité, ainsi que les vertus cardinales de prudence, de justice, de force et de tempérance, avec les autres vertus qui s'y rattachent. » Pie IX a authentiquement ratifié ce décret.

Paroles brèves et simples comme la teneur d'un jugement, mais attestation solennelle de l'héroïcité des ver-

(1) *Apoc.*, XXI, 27.
(2) *Ibid.*, 26.

tus de notre Bienheureux. Assurance formelle qu'il est de ceux qui apportent dans la cité sainte, pour reprendre le mot de saint Jean, « la gloire et l'honneur des nations », et que son nom, comme les leurs, est écrit « dans le livre de vie de l'Agneau. » (1) Il y a plus : témoignage absolument irrécusable de la sainteté du serviteur de Dieu, parce qu'il émane d'une autorité infaillible. L'Eglise a reçu de Jésus-Christ le promesse d'une assistance divine. Elle munit ses paroles du sceau de la vérité. Ses jugements sont irréformables. Quand Rome a parlé, la cause est finie. *Roma locuta est, causa finita est.*

La terre ne peut rien ajouter à des preuves aussi triomphantes en faveur des vertus des saints. Mais il leur vient du ciel d'autres témoignages, devant lesquels pâliront toujours ceux que profèrent les lèvres humaines. Quels témoignages, me demanderez-vous, mes chers Frères ? Dieu consacre les vertus des saints, d'une manière digne de sa grandeur, par une miraculeuse communication de sa puissance souveraine. Les saints deviennent thaumaturges : ils commandent aux lois de la nature, comme autrefois Jésus-Christ. Il l'avait promis à ses disciples, il leur avait annoncé qu'ils feraient, après lui, des miracles : « En vérité, en vérité je vous le dis : Celui qui croit en moi, fera les œuvres que je fais, et il en fera même de plus grandes, parce que je m'en vais à mon Père (2). — Voici les miracles que feront ceux qui croiront : Ils chasseront les démons en mon nom ; ils parleront de nouvelles langues ; ils manieront les serpents ; ils mettront les mains sur les malades, et les malades seront guéris (3). » Or, cette prophétie s'est vérifiée, jusqu'à ce jour, dans tous les siècles et dans tous les lieux où sont passés les saints.

Et telle est la confiance de l'Eglise dans les promesses

(1) *Apoc.*, XXI, 27.
(2) *Joan.*, XIV 12.
(3) *Matth.*, XVI, 17, 18.

de son immortel époux, qu'elle ne met jamais un saint sur les autels, avant d'avoir constaté authentiquement qu'il a fait des miracles, et d'avoir ainsi acquis la preuve absolue que Dieu a couronné ses vertus. Il ne lui suffit pas de savoir qu'elles ont fleuri dans ses parterres, et qu'elles ont atteint l'apogée de la perfection morale. Ah! sans doute, c'est avec une joie toute maternelle qu'elle les proclame surnaturelles et héroïques, mais avant d'aller plus loin, elle attend une nouvelle démonstration. Elle demande la preuve que Dieu les a consacrées lui-même. Elle veut qu'il contresigne et ratifie par des signes publics, la sentence qu'elle a portée. En un mot, elle exige des miracles.

Encore ne se contente-t-elle pas des miracles que proclame la reconnaissance et qu'annonce la renommée. Elle les soumet au plus inexorable examen. Elle en précise la nature, en discute les preuves; elle provoque des débats contradictoires, rédige des relations détaillées. Ce qui paraît évident aux plus strictes exigences du monde est encore suspect à ses yeux; elle n'admet que ce qui défie toute négation, et ce qui exclut toute possibilité de doute et d'erreur, Quand elle affirme, quand elle décide, c'est assurément avant tout, avec l'assistance de l'Esprit de Dieu qui réside en elle, mais c'est aussi avec toute la certitude et toute l'évidence de la raison.

Le Bienheureux de La Salle a-t-il fait des miracles? Oui, mes Frères, il a fait des miracles. et l'Eglise les a officiellement constatés. Les malades se sont agenouillés devant son image, ils ont vénéré ses reliques, ils se sont recommandés à sa puissante protection. Le Bienheureux a entendu leurs prières, il a eu compassion de leurs larmes. Le premier novembre 1887, le Souverain Pontife a décrété, dans les formes ordinaires, la constatation authentique et solennelle de trois miracles opérés par Dieu, à l'intercession du vénérable Jeau-Baptiste de La Salle, savoir :

1° La guérison instantanée et parfaite de Frère Adelminien, de la Congrégation des Ecoles chrétiennes, d'une ataxie locomotrice progressive ;

2° La guérison instantanée et parfaite d'un enfant de dix ans, Etienne de Suzanne, d'une bronchite capillaire mortelle ;

3° La guérison instantanée et parfaite de Marie-Madeleine-Victoire Ferry, d'une hydropéricardite chronique incurable, compliquée d'autres maladies très graves.

A tous ces maux, la science ne connaissait pas de remède ; elle avait épuisé toutes ses ressources. Il a suffi d'une prière au Bienheureux. Il a prononcé une parole et les malades ont été guéris. Un nouveau saint s'est donc levé parmi nous, et le firmament de l'Eglise compte un astre de plus.

O sainte Eglise catholique, comme les vertus des saints nous apprennent à te vénérer et à te chérir ! Car, si leurs couronnes ajoutent à la magnificence de la parure que t'apportent successivemant les siècles, c'est toi qui donnes à leurs vertus leur lustre et leur éclat. Et tu jouis seule dans le monde de cette merveilleuse puissance, comme tu as seule au monde le privilège d'avoir des saints pour fils. Au ciel et sur la terre, dans le temps et dans l'éternité, les saints ne connaissent et ne connaîtront qu'une seule mère, et c'est toi, ô sainte Eglise catholique, que nous, pécheurs, nous proclamons aussi notre mère.

En Orient, l'Eglise grecque reste unie au Saint-Siège, jusqu'au neuvième siècle, et que de saints elle enfante ! les martyrs, les apologistes, les anachorètes, les pontifes, les docteurs. Levez-vous, saintes légions des premiers siècles et venez rendre justice à votre mère, l'Eglise catholique romaine. Au neuvième siècle, les Grecs se séparent de Rome. Désormais, plus de saints ! Pourquoi ? parce qu'ils ne possèdent plus les sources pures où s'alimentent leurs vertus ; parce qu'ils n'ont plus la prodigieuse puissance de les faire resplendir dans leur firmament. Entrez dans leurs sanctuaires; allez à Athènes, à Constantinople, à Moscou. Depuis mille ans, les Grecs n'ont pas mis un nouveau saint dans leur dyptiques.

En occident, même spectacle. Que de saints l'Angleterre, l'Allemagne et la Suède ont donnés à l'Eglise catholique, tant qu'elles lui sont restées unies! O saints rois d'Angleterre, Alfred et Edouard, et vous vierges séraphiques de l'Allemagne, Gertrude et Mechtilde, et vous, ô Brigitte, noble veuve de Suède, dites-nous pourquoi vos grandes et infortunées patries sont restées depuis si longtemps stériles. Oh! dites pourquoi ces terres, où jadis ont germé vos vertus, lorsque l'Eglise catholique les échauffait au soleil de la rédemption, se sont subitement glacées, quand le schisme et l'hérésie les ont couvertes de leur ombre.

Le Bienheureux Jean-Baptiste de La Salle nous appelle tous aux pieds de cette mère bien-aimée, pour lui offrir nos hommages et nos actions de grâces. Venez, chers Frères des écoles chrétiennes, jouissez du triomphe de votre fondateur; venez, pères et mères de famille, profitez de la grande œuvre qui fut sa mission sur la terre et qui lui mérite une récompense éternelle; venez, enfants de ses écoles, ajoutez, par votre piété et votre travail, un nouvel éclat à sa couronne. Et vous, vénéré Pontife de ce diocèse, et vous, zélé pasteur de cette paroisse, réjouissez-vous de ces grandes fêtes qui laisseront, à Lons-le-Saunier, d'impérissables souvenirs. J'ai admiré l'empressement de votre peuple, les innombrables communions de vos fidèles, la magnificence de vos cérémonies et la beauté de vos chants liturgiques, auxquels les jeunes lévites ont pris une part si brillante.

N'oublions pas, ni les uns ni les autres, que pour conquérir aussi notre couronne, nous devons nous montrer, en toute circonstance, les enfants dévoués de la sainte Eglise, proclamer nos convictions catholiques, pratiquer les vertus de notre état et particulièrement celles qui font la gloire du Bienheureux, l'humilité, la pénitence, la charité. A cette condition, nous irons, nous aussi, au séjour où il nous a précédés, et nous jouirons du bonheur des élus. Ainsi soit-il.

Lons-le-Saunier. — Imprimerie J. Mayet et Cie, rue Saint-Désiré, 20

www.ingramcontent.com/pod-product-compliance
Ingram Content Group UK Ltd.
Pitfield, Milton Keynes, MK11 3LW, UK
UKHW020354180726
13839UKWH00003B/1104